CULTURA POPULAR, ESTÉTICA E SEGURANÇA NACIONAL
A CONSTRUÇÃO DE AMEAÇAS E INIMIGOS NA SÉRIE HOMELAND (2010-2018)

Editora Appris Ltda.
1.ª Edição - Copyright© 2025 dos autores
Direitos de Edição Reservados à Editora Appris Ltda.

Nenhuma parte desta obra poderá ser utilizada indevidamente, sem estar de acordo com a Lei nº 9.610/98. Se incorreções forem encontradas, serão de exclusiva responsabilidade de seus organizadores. Foi realizado o Depósito Legal na Fundação Biblioteca Nacional, de acordo com as Leis nos 10.994, de 14/12/2004, e 12.192, de 14/01/2010.

Catalogação na Fonte
Elaborado por: Dayanne Leal Souza
Bibliotecária CRB 9/2162

Z955c
2025
	Zuniga, Amanda Macedo
	    Cultura popular, estética e segurança nacional: a construção de ameaças e inimigos na série Homeland (2010-2018) / Amanda Macedo Zuniga, Erica Resende. – 1. ed. – Curitiba: Appris, 2025.
	    185 p. ; 23 cm. – (Coleção Ciências Sociais).
	
	    Inclui referências.
	    ISBN 978-65-250-7281-4
	
	    1. Estados Unidos. 2. Segurança nacional. 3. Virada estética. 4. Representações. 5. Homeland. I. Zuniga, Amanda Macedo. II. Resende, Erica. III. Título. IV. Série.
	
	                                                                CDD – 327.81

Livro de acordo com a normalização técnica da ABNT

Appris editorial

Editora e Livraria Appris Ltda.
Av. Manoel Ribas, 2265 – Mercês
Curitiba/PR – CEP: 80810-002
Tel. (41) 3156 - 4731
www.editoraappris.com.br

Printed in Brazil
Impresso no Brasil

Amanda Macedo Zuniga
Erica Resende

CULTURA POPULAR, ESTÉTICA E SEGURANÇA NACIONAL

A CONSTRUÇÃO DE AMEAÇAS E INIMIGOS NA SÉRIE HOMELAND (2010-2018)

Appris
editora

Curitiba, PR
2025

FICHA TÉCNICA

EDITORIAL
Augusto Coelho
Sara C. de Andrade Coelho

COMITÊ EDITORIAL
Ana El Achkar (Universo/RJ)
Andréa Barbosa Gouveia (UFPR)
Antonio Evangelista de Souza Netto (PUC-SP)
Belinda Cunha (UFPB)
Délton Winter de Carvalho (FMP)
Edson da Silva (UFVJM)
Eliete Correia dos Santos (UEPB)
Erineu Foerste (Ufes)
Fabiano Santos (UERJ-IESP)
Francinete Fernandes de Sousa (UEPB)
Francisco Carlos Duarte (PUCPR)
Francisco de Assis (Fiam-Faam-SP-Brasil)
Gláucia Figueiredo (UNIPAMPA/ UDELAR)
Jacques de Lima Ferreira (UNOESC)
Jean Carlos Gonçalves (UFPR)
José Wálter Nunes (UnB)
Junia de Vilhena (PUC-RIO)

Lucas Mesquita (UNILA)
Márcia Gonçalves (Unitau)
Maria Aparecida Barbosa (USP)
Maria Margarida de Andrade (Umack)
Marilda A. Behrens (PUCPR)
Marília Andrade Torales Campos (UFPR)
Marli Caetano
Patrícia L. Torres (PUCPR)
Paula Costa Mosca Macedo (UNIFESP)
Ramon Blanco (UNILA)
Roberta Ecleide Kelly (NEPE)
Roque Ismael da Costa Güllich (UFFS)
Sergio Gomes (UFRJ)
Tiago Gagliano Pinto Alberto (PUCPR)
Toni Reis (UP)
Valdomiro de Oliveira (UFPR)

SUPERVISORA EDITORIAL
Renata C. Lopes

PRODUÇÃO EDITORIAL
Adrielli de Almeida

REVISÃO
Monalisa Morais Gobetti

DIAGRAMAÇÃO
Amélia Lopes

CAPA
Julie Lopes

REVISÃO DE PROVA
Bianca Pechiski

COMITÊ CIENTÍFICO DA COLEÇÃO CIÊNCIAS SOCIAIS

DIREÇÃO CIENTÍFICA
Fabiano Santos (UERJ-IESP)

CONSULTORES
Alícia Ferreira Gonçalves (UFPB)
Artur Perrusi (UFPB)
Carlos Xavier de Azevedo Netto (UFPB)
Charles Pessanha (UFRJ)
Flávio Munhoz Sofiati (UFG)
Elisandro Pires Frigo (UFPR-Palotina)
Gabriel Augusto Miranda Setti (UnB)
Helcimara de Souza Telles (UFMG)
Iraneide Soares da Silva (UFC-UFPI)
João Feres Junior (Uerj)

Jordão Horta Nunes (UFG)
José Henrique Artigas de Godoy (UFPB)
Josilene Pinheiro Mariz (UFCG)
Leticia Andrade (UEMS)
Luiz Gonzaga Teixeira (USP)
Marcelo Almeida Peloggio (UFC)
Maurício Novaes Souza (IF Sudeste-MG)
Michelle Sato Frigo (UFPR-Palotina)
Revalino Freitas (UFG)
Simone Wolff (UEL)

AGRADECIMENTOS

Amanda Zuniga gostaria de agradecer à família, extensa em quantidade e afeto, pela cumplicidade, apoio e incentivo. No entanto, à *Vó Nitinha*, nem qualquer protocolo ou limite de caracteres pode impedir de registrar, nominalmente, a infinita gratidão e amor. Também à prima Thaís, pela parceria de vida e carreira, e generosidade ímpar. Agradece, também, aos amigos (felizmente, de forma quantitativa e qualitativa, muito mais do que um simples ser humano possa merecer), que traçam as suas próprias jornadas, seja à parte ou junto à academia, mas que sempre, de formas singulares, inspiram, auxiliam, apoiam e celebram por e junto a esta. Aos queridos professores, servidores e colegas da Escola Superior de Guerra (PPGSID) e da Universidade Federal do Rio de Janeiro (DGEI/UFRJ). Por fim, aos pesquisadores que traçaram os caminhos árduos que permitiram e fundamentaram a existência desta publicação.

Erica Resende gostaria de agradecer aos amigos e colegas que contribuíram — e continuam a contribuir — para uma próspera carreira na academia: Danilo, Flávia, Sabrina, Élcio, Fabrício, Elisângela, Sandro, Juliana, Jacintho, Tayane, Maria Célia e muitos outros.

As autoras também agradecem à Coordenação de Aperfeiçoamento Pessoal de Nível Superior (Capes), pela bolsa que viabilizou o mestrado de Amanda Zuniga, e à Fundação Carlos Chagas Filho de Amparo à Pesquisa do Estado do Rio de Janeiro (Faperj), que financiou a editoração deste livro.

Entre os caçadores-coletores !Kung San, do deserto Kalahari, quando dois homens, talvez inflamados pela testosterona, começavam a brigar, as mulheres pegavam as setas envenenadas e as colocavam fora do seu alcance, onde não podiam causar dano. Hoje as nossas setas envenenadas podem destruir a civilização global e, muito provavelmente, aniquilar a nossa espécie. O preço da ambiguidade moral é agora demasiado elevado. Por essa razão – e não por causa de sua abordagem do conhecimento –, a responsabilidade ética dos cientistas também deve ser elevada, extraordinariamente elevada, ineditamente elevada. Gostaria que os programas científicos de pós-graduação examinassem explícita e sistematicamente essas questões [...]. E às vezes me pergunto se também na nossa sociedade as mulheres – e as crianças – não acabarão por colocar as setas envenenadas fora do alcance de quem pode causar dano.

Carl Sagan

PREFÁCIO

Nas últimas décadas, o campo das Relações Internacionais (RI) tem passado por importantes transformações onto-epistêmicas que revolucionaram a área, seus atores, agendas e processos. Dentre as principais revoluções acadêmicas, destacamos a valorização e, sobretudo, a inovação acerca dos estudos tecnológicos, estéticos e midiáticos. De modo inter-transdisciplinar, tais estudos alteram a forma e o conteúdo com que analisamos, refletimos e, principalmente, nos sensibilizamos frente às fotografias e cinematografias que corriqueiramente acessamos na televisão, *smartphones* e nos computadores via as redes sociais. Observa-se um conjunto de importantes implicações socioculturais que atravessam o Internacional a partir de suas linhas, bordas, enquadramentos e colorimetria traduzidas nas estéticas. Apesar disso, no Brasil, algumas resistências são observadas no campo de RI frente a tais temáticas. Tais resistências se manifestam quando as propostas analíticas críticas descortinam e, portanto, desmantelam as concepções *mainstream*, sobretudo quando problematizam as lacunas, silêncios e os paradoxos que circunscrevem a relação entre representação e representado, enaltecendo o lugar e a operacionalidade do político.

É a partir dessa constatação que as autoras promovem uma necessária, importante e instigante discussão no campo de RI, especialmente nos estudos de Política Externa, Cultura e Mídias, em que recuperam e enfatizam a importância dos discursos, narrativas e linguagens. Estas são caracterizadas por diversas formas de poder, conhecimento e verdade na medida que orientam, organizam e, principalmente, sistematizam nossa forma de conceber e imaginar o Internacional. A discussão tem como alicerce as propostas dissidentes pós-estruturalista e pós-moderna à luz das reflexões desenvolvidas por intelectuais como James Der Derian e Michael Shapiro em *International/Intertextual Relations: Postmodern Readings of World Politics*, Roland Bleiker nas obras *Aesthetic and World Politics* e Anastasia Veneti e Maria Rovisco em *Visual Politics in the Global South*. Desse modo, Resende e Zuniga enfatizam a (re)produção da identidade do *self* estadunidense, bem como a ratificação da diferença, mediante à essencialização, objetificação e confecção de estereótipos sobre os sujeitos não-ocidentais a partir da alteridade.

Na busca por uma RI plural, inclusiva e autônoma, é essencial ampliar e amplificar vozes dissidentes. Em vista disso, as intelectuais brasileiras enfatizam, por intermédio das séries televisivas disponíveis no *streaming*, como *Homeland* (2010-2018), a mobilização de diversos discursos políticos e midiáticos caracterizados pela imagem/imaginário da cultura da (in)segurança (inter)nacional via a produção do inimigo. A produção do inimigo, no circuito da diplomacia estadunidense, precisa ser construída a fim de normatizar, normalizar e naturalizar imagens que traduzam a opressão, barbárie e violência — típicas da desordem, anarquia e disfuncionalidade em regiões/países que compõem o Oriente Médio; leia-se Iraque. As imagens do inimigo associadas ao terrorismo transnacional autorizam a perpetração da violência mediante um conjunto de práticas políticas calcadas na tortura e humilhação que precisam ser desumanizadas: as vidas e mortes dos inimigos enquanto trajetórias políticas não importam, são apenas objetos. Diante disso, a diplomacia estadunidense mobiliza uma vigilância regular ao fazer uso de uma série de macro e micronarrativas, com diversos sistemas de controle e monitoramento e um discurso político calcado no imaginário popular, que visa promover a liberdade mediante a reiteração da segurança.

À luz da virada linguística e estética, o livro mobiliza uma pedagogia sensorial, afetiva e emancipatória, de modo a desfazer as corriqueiras perspectivas unilaterais e monocórdicas que a cinematografia estadunidense reafirma quando suas lentes e confecções imagéticas permanecem amparadas e fixas nas relações hegemônicas, arbitrárias e disfuncionais entre emissor, receptor e a mensagem. Para as autoras, é preciso percorrer e, sobretudo, evidenciar uma semiologia polifônica e multidirecional, cujas travessias sociolinguísticas que impactam a opinião pública/publicada vão além de uma simples transposição de ideias/valores circunscritos por discursos binários e maniqueístas. Caminhemos, portanto, para uma RI cuja política da tradução e a tradução da política visem a uma transformação cultural a partir das ambiguidades e ambivalências dos/nos processos políticos. Por essa razão, revisitar a série *Homeland*, assim como acessar os diversos documentos confeccionados pelos atores e agendas da diplomacia estadunidense (*National Security Strategy* - NSS) no terreno dos estudos da segurança (inter)nacional, permite-nos (re) avaliar o *modus operandi* do Internacional por meio de suas ingerências calcadas na guerra e sua retórica pacifista via o político.

Pablo Victor Fontes

Professor do Departamento de Relações Internacionais (UERJ) e do Programa de Pós- Graduação em Mídias Criativas (UFRJ)

SUMÁRIO

INTRODUÇÃO .... .15

1
CULTURA E SEGURANÇA.. 25

  1.1 Cultura.. 26

    1.1.1 Linguagem e produção de sentido 26

    1.1.2 Cultura e representações 32

    1.1.3 Discurso, ideologia e hegemonia 37

  1.2 Segurança 50

    1.2.1 Estudos críticos de segurança 50

    1.2.2 A Virada Estética .... .61

2
HOMELAND E AS ESTRATÉGIAS DE SEGURANÇA NACIONAL
DOS EUA .... .71

  2.1 Por que *Homeland*? Contexto, sinopse e sua caracterização
como produto cultural... .71

    2.1.1 *Homeland* 2011 e 2018: introduções 79

  2.2 *National Security Strategy* e a segurança nacional dos EUA .... .81

    2.2.1 Criação e propósitos das *National Security Strategies* 82

    2.2.2 As *National Security Strategies* de 2010 e 2017: ameaças, inimigos
e diretrizes da segurança nacional dos EUA.................................... 85

3
CULTURA COMO ESPELHO E LENTE DE AUMENTO
DA SEGURANÇA NACIONAL.. 95

  3.1 A análise da NSS de 2010 de Obama... 96

  3.2 A análise da temporada de 2011 de *Homeland* 102

  3.3 A análise da NSS de 2017 de Donald Trump.................................. 117

  3.4 A análise da temporada de 2018 de *Homeland* .... .127

  3.5 *Homeland* como espelho e lente de aumento da política de segurança dos
EUA.. .151

CONSIDERAÇÕES FINAIS.. 167

REFERÊNCIAS 173

INTRODUÇÃO

Com base na crescente literatura na área dos Estudos Críticos de Segurança (ECS) a respeito da relação entre cultura, representações e reproduções de noções de segurança (Caso; Hamilton, 2015; Grayson; Davies; Philpott, 2009; Pears, 2016; Sheperd, 2013; Stockwee, 2011), a proposta desta obra é compreender como produtos culturais podem contribuir para a legitimação de políticas de segurança para o grande público. Por meio do estudo de caso das temporadas 1 (2011) e 7 (2018) da série de televisão estadunidense *Homeland* (2011-2020), o trabalho indaga como as representações de inimigos e ameaças na série *Homeland* forneceram para o público significados que contribuíram para a legitimação das políticas de segurança nacional dos Estados Unidos da América (EUA) de 2010 a 2018.

Os ECS, por se aproximarem de áreas do conhecimento como os Estudos Culturais, os Estudos de Mídia, a Linguística e a Geopolítica Crítica, compreendem a noção de que diferentes sistemas de linguagem poderiam ser utilizados para expressar algo sobre o mundo de forma compreensível para outras pessoas, construindo significados sobre o que foi representado pela comunicação. Porém tais representações não abrangem a realidade em sua totalidade, mas sim os significados produzidos e compartilhados dentro de determinada cultura. Em razão disso, compreende-se que a realidade social é coconstruída através de representações (Bleiker; Hutchinson, 2014; Boggs; Pollard, 2006; Brereton; Culloty, 2012; Dodds, 2008; Hall, 2016; Pears, 2016; Wenden, 2005).

Produtos culturais, como a série de televisão *Homeland*, cuja média de audiência das temporadas 1 e 7 foi de 1,24 milhão de espectadores simultâneos por episódio[1], difundem em grande escala representações discursivas que podem formatar e influenciar comportamentos humanos e, portanto, moldar discursos e práticas políticas. Por esse motivo, este livro considera relevante compreender como tais discursos na ficção normalizam determinadas representações do que são considerados inimigos e ameaças para a segurança nacional, legitimando para um grande público as políticas de

---

[1] Exibida pelo canal a cabo *Showtime*, nos EUA. Média obtida a partir dos dados nos sites *The Futon Critic* e *TV Series Finale*, que utilizaram dados fornecidos pela empresa de informações e dados *Nielsen Media Research*. Ver http://www.thefutoncritic.com/showatch/homeland/ e https://tvseriesfinale.com/tv-show/homeland/, acesso em 22/10/2024.

segurança criadas com o objetivo de combater tais ameaças e inimigos. Escolhemos *Homeland* por ser uma série produzida por estadunidenses, que já haviam, inclusive, trabalhado em outra série, *24 Horas* (2001-2010), que aborda, assim como *Homeland*, o âmbito da segurança nacional. A escolha das temporadas 1 (2011) e 7 (2018) não foi por acaso; a temporada 1 (2011) tem sua estreia no ano seguinte à publicação da primeira NSS de Barack Obama (2010), enquanto o mesmo acontece com a temporada 7 (2018), que tem sua estreia no ano seguinte à publicação da primeira NSS de Donald Trump (2017). Elas oferecem uma oportunidade única de observar se e como as narrativas de dois governos diferentes podem mudar, ao mesmo tempo observando também se e como as narrativas de duas temporadas diferentes, com o mesmo salto temporal, podem mudar. Dessa forma, nosso estudo de caso será constituído por dois objetos de pesquisa em dois diferentes momentos, sendo eles as NSS de 2010 e 2017 e as temporadas de 2011 e 2018 da série *Homeland*. Entendemos que a observação da variação em curto espaço temporal poderá revelar dados relevantes sobre como categorias como inimigos e ameaças são fluidas e mutantes, e não estanques e estáveis.

Observou-se, em um primeiro momento, que as mudanças discursivas acerca das ameaças e inimigos para a segurança nacional em *Homeland* foram análogas às mudanças discursivas acerca das ameaças e inimigos para a segurança nacional nos documentos que fornecem diretrizes políticas sobre segurança nacional nos EUA, denominados *National Security Strategy* (NSS). Nossa hipótese é que as representações produzidas em *Homeland* agiriam como um princípio ordenador para a legitimação das diretrizes de segurança nacional contidas na NSS de Barack Obama (2010) e na NSS de Donald Trump (2017) ao retroalimentarem concepções semelhantes sobre quais seriam os maiores inimigos e ameaças para a segurança nacional dos EUA. Além de seu caráter pedagógico para o grande público, as representações na série reforçariam o discurso nos documentos e vice-versa, em uma relação de coconstrução da realidade da segurança nacional a partir do discurso[2]. Com base no estudo de caso da série *Homeland*, testaremos a hipótese apresentada de forma a encontrar uma resposta sobre a relação entre representações de ameaças e inimigos em um produto da cultura popular e a legitimação de políticas de segurança nacional de uma potência hegemônica.

---

[2] Ver Peter Berger e Thomas Luckmann (2003).

Assim, esta obra encontra relevância sobretudo para o âmbito dos ECS que trazem para a área de segurança a Teoria Crítica identificada pela Escola de Frankfurt, que começou a pensar sobre o papel da indústria cultural para as práticas sociais e políticas através da reprodução de ideologias[3]. Isso porque, com o aperfeiçoamento das técnicas de produção, a distância entre o que é representado e a representação, entre "a obra produzida e a vida quotidiana" (Adorno; Horkheimer, 1985, p. 120) em produtos culturais fictícios, torna-se mais difícil de ser identificada. Essa impressão de realidade "é quase como dizer que a realidade se expressa sozinha na tela" (Bernardet, 2017, s/p).

Entre os anos de 1920 e 1930, especificamente, no Instituto de Pesquisa Social da Universidade de Frankfurt[4], na Alemanha, um grupo de pesquisadores utilizou como orientação teórica ampliar o foco de uma observação da natureza bruta para uma natureza socialmente coconstruída, negando princípios estritamente universalizáveis do positivismo e fornecendo espaço para explorar filosófica e academicamente uma gama de fenômenos antes inexplorados por pertencerem a um âmbito subjetivo da realidade. Assim, "exigindo que os 'fatos' sejam colocados no contexto mais amplo possível e examinando a contribuição para a 'constituição' dos fatos feita pelos sujeitos humanos particulares e pela sociedade como um todo, considerada como um tipo de sujeito coletivo" (Geuss, 2008, p. 162). Os expoentes do que ficou conhecida como Escola de Frankfurt rejeitam a máxima positivista de que "a realidade pode ser inteiramente representada por um conjunto de fatos distintos, cada um separado do outro, [...] como uma ferramenta básica da análise filosófica e com a afirmação da percepção direta como fundamento último de todo conhecimento empírico" (Geuss, 2008, p. 157).

Há dois pilares basilares para a compreensão da revolução empírica, que leva ao surgimento da Teoria Crítica, que serão explorados no presente trabalho, que são: 1) o fato de que significados e definições estão submissos às suas posições nos processos históricos dos quais fazem parte;

---

[3] Buscando simplificar as ideias dos sociólogos Karl Marx e *Karl Mannheim, que compreendiam, respectivamente, ideologia como uma consciência deformada da realidade e como um conjunto das concepções, ideias, representações que legitimariam a ordem estabelecida,* Michael Löwy (2010, p. 13) vai dizer que ideologia é uma "'visão social de mundo'. Visões sociais de mundo seriam, portanto, todos aqueles conjuntos estruturados de valores, representações, ideias e orientações cognitivas. Conjuntos esses unificados por uma perspectiva determinada, por um ponto de vista social, de classes sociais determinadas".

[4] Para uma compreensão mais profunda acerca do surgimento, desenvolvimento teórico e prático, contribuições e legado da chamada Escola de Frankfurt, como ficaram conhecidos aqueles teóricos, ver Rush (2008).

e 2) como a estrutura utilizada para articular tais significados e definições requer o uso de algum tipo de linguagem, todavia, "qualquer formulação linguística particular dela só pode ser, na melhor das hipóteses, aproximada" (GEUSS, 2008, p. 160). Por isso, este trabalho compreende que o positivismo, sobretudo aplicado às Ciências Sociais, seria uma lente teórica limitada, uma vez que o observador da realidade social não poderia ser um agente neutro, pois estaria submetido às limitações histórico-temporais e geográficas e ao sistema de linguagem que o formou. Assim, o agente não conseguiria retratar significados e definições do mundo como ele é sem que seu próprio papel de observador influenciasse o resultado.

Não nos debruçaremos sobre o complexo aprofundamento teórico e filosófico da Teoria Crítica para os fins deste trabalho, mas nos propomos a destacar as suas premissas que, posteriormente, irão influenciar os ECS. A primeira, continuando a discussão posta anteriormente, é o rompimento com o positivismo. Para além das questões apresentadas anteriormente, também foi suscitado que o aparente "descompromisso político do positivismo e a neutralidade ética" (Rush, 2008, p. 51) acabam legitimando o status quo ao não questionarem a influência da historicidade nos dados e resultados de suas pesquisas sociais.

A segunda premissa, também continuando uma discussão anterior, é a de que a realidade social é demasiada complexa para ser explicada — por isso não cabe ao agente prever ações, mas sim interpretá-las. Durante o presente trabalho, iremos nos aprofundar nos temas acerca de linguagem, produção de sentido, cultura, formações discursivas, ideologia e representações, para compreender melhor tais âmbitos. Uma vez que "o 'significado' ou 'definição' de qualquer termo nada mais é do que sua posição em tal processo idealizado, e o processo é demasiadamente cheio de singularidades [...] para ser possível resumi-lo de uma maneira que permitiria reter sua essência filosófica" (Geuss, 2008, p. 160), poderíamos apenas extrair conhecimento acerca da realidade social a partir do reconhecimento das forças que moldam as práticas, inclusive as do agente observador, uma vez que não é a linguística que nos dominaria, mas sim a historicidade (Foucalt, 1979).

A terceira premissa que não podemos ignorar é a concepção de Indústria Cultural. Em *Dialética do Esclarecimento* (2014), Adorno e Horkheimer mostraram que, por meio dos aparatos industriais contemporâneos de produção e distribuição, a cultura foi transformada em produto.

Encontrando base na crítica marxista do fetichismo da mercadoria[5], compreende-se que a consequência desse evento seria o monopólio cultural. Isso porque, quando se tornou uma mercadoria de consumo em massa, a cultura teria passado a fazer parte da atividade econômica, e esta, por sua vez, estaria sob o poder de um monopólio. A carga social, o encontro individual com a cultura por meio do sublime, o potencial crítico da cultura, seriam substituídos pela necessidade do lucro e da manutenção dos interesses dos que detêm o poder do monopólio. No entanto, como veremos durante o decorrer deste trabalho, o caráter crítico dos produtos culturais não deve ser ignorado ou sujeitado exclusivamente à utopia[6].

A quarta e última premissa da Teoria Crítica que não podemos ignorar é a questão da emancipação. A ideia de emancipação nos conecta diretamente com os primeiros estudos críticos de segurança. Ligada aos três pontos citados anteriormente, o rompimento com o positivismo, a subjetividade da realidade social e a atenção aos meios de dominação cultural, a ideia de emancipação na Teoria Crítica nasceu amplamente conectada à interpretação marxista de "instigar a mudança social, fornecendo um conhecimento das forças da desigualdade social que pode, por sua vez, orientar a ação política que visa a emancipação" (Rush, 2008, p. 35).

Nenhuma das premissas apresentadas teria um fim prático no mundo sem a busca pela emancipação por meio do pensamento crítico. No entanto, vamos além, uma vez que a temática da emancipação nos ECS, relacionada ao artigo de Ken Booth, *Security and emancipation* (1991), um dos primeiros pesquisadores da área de segurança a pensar acerca dos ECS, nos restringiria a uma abordagem que ainda estaria presa à universalização dos conceitos que envolvem a segurança, o que a abordagem pretendida neste trabalho reconhece o valor para uma primeira grande discussão, que envolveria pensar na emancipação do pensamento crítico, no entanto, discorda no sentido de que conceitos poderiam ser universalizáveis.

---

[5] Para uma melhor compreensão, ver Adorno e Horkheimer (2014).

[6] Para Geuss (2008, p. 169-170), essa seria "uma primeira aproximação da concepção de Frankfurt [acerca da cultura]. Membros da Escola perceberam que, na arte sofisticada, a representação de vidas completamente 'boas' ou 'más' fornece uma compreensão mais sutil e complexa. Além disso, eles acreditam que o estudo da 'cultura' não pode ser totalmente separado das questões políticas e morais. [...] Uma tarefa importante da Teoria Crítica é, portanto, extrair dessas concepções tradicionais tanto imagens positivas de uma vida boa quanto imagens negativas de vidas que não são tão boas, traduzi-las numa forma que apresente de maneira mais clara possível aquelas partes delas que não são mais meramente utópicas, mas que podem, de fato, ser realizadas, e comparar nossa sociedade presente com aquelas imagens. Essa confrontação é uma crítica de nosso presente. O pensamento dialético critica as instituições existentes, as práticas ou o estado das coisas simplesmente contrastando o que eles são com o que eles poderiam ser [...]".

Ponderando sobre tamanho poder que produtos culturais podem deter ao se engajarem em práticas de segurança, este livro não pretende explicar ou prever comportamentos, mas compreendê-los dentro de uma estrutura que abarca regras e normas compartilhadas em um nível societal. Para isso, a proposta é apresentar na primeira parte do trabalho uma literatura que expõe a relevância do âmbito cultural para os ECS, sobretudo nos âmbitos que mais concernem a este trabalho, como as formas pelas quais a cultura pode se envolver em práticas de segurança, com o objetivo de compreender como produtos culturais podem contribuir com a formatação do debate público acerca da segurança. Em seguida, apresentaremos ao leitor os nossos objetos de pesquisa, que são os documentos NSS dos governos de Barack Obama (2010) e de Donald Trump (2017), bem como as temporadas 1 (2011) e 7 (2018) na série *Homeland*. Tais etapas irão permitir que, ao final do trabalho, as representações de ameaças e inimigos para a segurança nacional identificadas nas NSS dos governos de Barack Obama (2010) e Donald Trump (2017), bem como nas temporadas 1 (2011) e 7 (2018) de *Homeland*, possam ser correlacionadas, com o objetivo de responder ao problema que guia este livro: como as representações de inimigos e ameaças na série *Homeland* forneceram para o público significados que contribuíram para a legitimação das políticas de segurança nacional dos Estados Unidos da América (EUA) de 2010 a 2018?

Buscando contribuir com o debate sobre o papel da estética em questões de segurança dentro do campo de ECS, este trabalho compreende que os meios imateriais, como produtos culturais de consumo em massa, filmes, séries e outros, também se engajariam em práticas de segurança, comunicando para um grande público determinadas ideologias através de representações da realidade. Essas representações contribuiriam para moldar o debate e o discurso políticos, promovendo uma dinâmica de coconstrução da realidade; da mesma forma que o discurso na série é formatado pela realidade, pelo que acontece no mundo, por meio do uso de linguagens e símbolos compartilhados por um mesmo público, ele também contribui com a formatação da realidade social, por meio da ênfase em determinados discursos que estabelecem as fronteiras da possibilidade, podendo, também, legitimar discursos de segurança.

Constatamos uma grande inserção do debate acerca dos meios imateriais, produtos audiovisuais, cultura pop e outros, na área da Ciência Política e Relações Internacionais (RI) nos últimos anos, mas este livro justifica-se sobretudo porque as principais noções teóricas de segurança

CULTURA POPULAR, ESTÉTICA E SEGURANÇA NACIONAL:
A CONSTRUÇÃO DE AMEAÇAS E INIMIGOS NA SÉRIE HOMELAND (2010-2018)

ainda estão ancoradas nos pressupostos das áreas tradicionais da área; nos conceitos que compreendem a manutenção da lógica estadocêntrica, como veremos ao decorrer do trabalho. Isso posto, a ampliação desse debate torna-se não apenas necessária, mas fundamental em um mundo cada vez mais complexo, que se beneficiaria das análises interdisciplinares para compreender âmbitos antes ignorados, como o subjetivo, o psicossocial e o artístico. Âmbitos, esses, que também são decisivos para o curso da segurança internacional e da geopolítica através das dinâmicas de *soft power*. Âmbitos, esses, que, especialmente em tempos de crise, perdem incentivos que em grande parte se voltam para a manutenção do *hard power* e da lógica estadocêntrica[7].

Dessa forma, para responder à pergunta que orienta este livro, buscando compreender se as representações de ameaças e inimigos para a segurança nacional na série *Homeland* podem fornecer significados que legitimariam para o debate público políticas de segurança nacional, buscaremos como objetivo geral verificar de que forma a estética contribui para a legitimação de políticas de segurança para o público doméstico. Para isso, pretendemos destacar para o leitor a importância da estética na formação de uma cultura. Para uma compreensão mais abrangente dos estudos de segurança, apresentaremos nossos objetos de pesquisa: a primeira NSS da administração de Barack Obama (2010) e a primeira NSS da administração de Donald Trump (2017), bem como a primeira (2011) e a sétima (2018) da série *Homeland* (2011). Pretendemos correlacionar esses objetos de modo a compreender se as narrativas na NSS de 2010 se assemelham às narrativas na temporada de 2011 da série, assim como se as narrativas na NSS de 2017 se assemelham às narrativas na temporada de 2018 da série. Nosso objetivo é testar a nossa hipótese de que essas diferentes representações de ameaças e inimigos nos dois momentos teriam difundido discursos que contribuíram, de forma pedagógica, para a legitimar duas diferentes políticas de segurança nacional: a de Barack Obama (2010) e a de Donald Trump (2017).

Dessa forma, a estrutura do trabalho se apresentaria, no Capítulo 1, intitulado "Cultura e Segurança", em um primeiro momento apresentando os nossos marcos teóricos-conceituais, apresentando, na seção 1.1, "Cultura", a subseção 1.1.1, "Linguagem e produção de sentido", a relação

---

[7] Joseph Nye (2011) define *hard power* como o poder de coerção, enquanto *soft power* seria o poder de persuasão e afinidade, ou simpatia.

entre esses dois objetos. Faremos isso com o objetivo de compreender de que forma a linguagem começou a ser percebida como fonte de conhecimento para as questões das Ciências Sociais e apresentar as dimensões que mais interessam para este trabalho: como essa relação se manifestaria? Com a resposta obtida, teremos a base teórica consistente para o prosseguimento de nosso argumento.

Posteriormente, na subseção 1.1.2, falaremos sobre "Cultura e representações". A relevância dessa subseção se dá uma vez que este projeto tem como objetivo compreender uma representação específica, a dos inimigos e das ameaças percebidos pela segurança estatal. Dessa forma, queremos procurar entender as implicações da linguagem como produtora de sentidos e, mais relevante, como coconstrutora da realidade social, por intermédio das representações. Para tal, pretendemos mostrar de que forma as representações seriam importantes para moldar discursos que, por sua vez, poderiam moldar culturas como um todo, e a forma como essas culturas conceberiam a realidade social, criando uma base para a discussão que pretendemos levantar na subseção seguinte: como as representações da realidade, inseridas no discurso no interior de uma cultura, poderiam ser forjadas, seja de maneira intencional ou não.

Por conseguinte, na subseção 1.1.3, nos debruçaremos sobre a relação entre "Discurso, ideologia e hegemonia". Isso porque percebemos o discurso como parte constituinte da percepção da realidade social dentro de uma cultura, sendo o mesmo uma prática que carregaria consigo ideologias, visões de mundo, e, uma vez que essas ideologias são distintas, pretendemos nos debruçar sobre a possível existência de uma espécie de batalha discursiva pelo controle da hegemonia, ou seja, pelo domínio da percepção da realidade dentro de uma cultura.

Na seção 1.2 desse primeiro capítulo, "Segurança", buscaremos compreender de que forma os conceitos apresentados até então no trabalho se relacionariam com uma subárea dos estudos de segurança que apresentam uma vertente crítica. Para isso, na subseção 1.2.1, "Estudos Críticos de Segurança", observaremos os caminhos que levaram os estudos de segurança a compreenderem como o potencial crítico que a interdisciplinaridade apresenta poderia contribuir para os estudos do campo, permitindo, assim, o nascimento e a consolidação dos ECS, uma área disciplinar dos estudos de segurança que tem em seu caráter crítico sua principal distinção dos estudos tradicionais da área. Observaremos quais foram as principais motivações para o surgimento dos ECS, suas sustentações teóricas, suas principais contribuições e, sobretudo, como essa área permitiu que meios subjetivos de conhecimento fornecessem alicerces para uma amplificação e um aprofundamento no campo que possibilitaria observar, para além do Estado, os indivíduos como o fim, teórico e prático, principal da segurança.

E na última subseção do primeiro capítulo, 1.2.2, "A Virada Estética", chegaremos ao marco teórico substancial para permitir que este trabalho se sustente: a Virada estética nas RI. Iremos procurar compreender de que forma, simultaneamente ao processo de amplificação e aprofundamento nos estudos de segurança, os meios virtuais e subjetivos passaram a ser considerados como campos legítimos de produção de práticas. O campo da estética, onde os meios subjetivos como sons, discursos, imagens, representações, entre outros, que emergem de âmbitos estéticos, como as artes visuais, a música e a literatura (Bleiker, 2009), será explorado a fim de compreendermos se e como ele se associou à cultura, ganhando validação como âmbito de estudo e produção de conhecimento. Dessa forma, propomo-nos a compreender nessa última subseção o que foi a Virada Estética, como e por que ela surgiu no campo das RI, quais são suas capacidades e aparatos de análise, o que difere uma abordagem estética e crítica dos estudos de segurança de uma abordagem tradicional, quais são as suas principais contribuições para os ECS, e, por fim, qual é a relevância de uma abordagem estética e crítica da segurança para solucionar o problema de pesquisa aqui explorado.

Já no Capítulo 2 deste trabalho, intitulado "*Homeland* e as estratégias de segurança nacional dos EUA", apresentaremos os nossos objetos de pesquisa. Começaremos apresentando na seção 2.1 a série *Homeland* (2011-2020), um produto cultural estadunidense, que tem como proposta acompanhar o dia a dia de agentes da Agência Central de Inteligência (CIA) estadunidense envolvidos em questões de segurança nacional. Já na subseção 2.1.1, "*Homeland* 2011 e 2018: introduções", daremos ênfase à temporada 1 (2011), que compreendeu o período dos primeiros anos da gestão presidencial de Barack Obama, bem como a temporada 7 (2018), que compreendeu o período dos primeiros anos da gestão presidencial de Donald Trump, com o objetivo de, posteriormente, analisar as possíveis mudanças narrativas acerca da segurança nacional que se apresentaram nesses diferentes períodos de tempo e de governo.

Na seção 2.2, "*National Security Strategy* e a segurança nacional dos EUA", daremos ênfase ao recorte dos tópicos dos inimigos e ameaças para a segurança nacional dos EUA nas NSS, documentos que se propõem a definir o que diferentes gestões presidenciais compreendem como inimigos e ameaças para a segurança nacional dos EUA. Já com o objetivo de compreendermos como esses documentos compreendem essas questões e, sobretudo, como se dão as mudanças das narrativas de ameaças e inimigos de acordo com a gestão que produziu as NSS, analisaremos na subseção 2.2.1, "Criação e propósitos das *National Security Strategies*", um estudo mais minucioso da NSS de 2010, produzida durante a primeira gestão de Barack Obama na presidência, e da NSS de 2017, produzida durante a primeira gestão de Donald Trump na presidência, procurando compreender as diretrizes de tais documentos.

Por fim, no Capítulo 3 deste trabalho, intitulado "Cultura como espelho e lente de aumento da segurança nacional", utilizaremos do arcabouço teórico apresentado durante o trabalho para aplicar o método desenvolvido por Gaddis (2005), inspirado pelo trabalho de Alexander George (1979), que, na busca da compreensão das políticas de segurança nacional dos EUA, especialmente após a 2ª Grande Guerra, por meio da observação de suas estratégias, desenvolveu quatro perguntas para se fazer a fim de reconhecer quais seriam as diretrizes comunicadas nas estratégias de segurança dos EUA. O chamado método de comparação estruturada e focalizada de Gaddis (2005) nos leva às questões: 1) Que concepção o governo em questão tinha dos interesses estadunidenses no mundo?; 2) Como ele percebeu as ameaças a esses interesses?; 3) Que respostas escolheu dar face a esses interesses e ameaças?; e 4) Como procurou justificar essas respostas?

Por meio desse método, buscaremos, por fim, na seção 3.5, correlacionar a NSS de 2010 e a temporada de 2011 da série *Homeland*, bem como a NSS de 2017 e a temporada de 2018 da série *Homeland*, por meio da comparação das respostas das quatro perguntas que Gaddis (2005) nos ofereceu, com o objetivo de testar a nossa hipótese de que as diferentes representações de inimigos e ameaças para a segurança nacional nas temporadas 1 (2011) e 7 (2018) da série *Homeland* forneceram, sim, significados que contribuíram de forma pedagógica para a legitimação de duas diferentes políticas de segurança nacional, a de Barack Obama (2010) e a de Donald Trump (2017).

CULTURA E SEGURANÇA

Este capítulo tem como objetivo apresentar os referenciais teórico--conceituais que orientarão nosso argumento. Apresentaremos os marcos que guiarão este livro, demonstrando quais seriam as correlações entre cultura e segurança que sustentariam nossa problemática. Na primeira seção, buscaremos compreender como a realidade social é coconstruída por meio de discursos que utilizam de representações para moldar a percepção coletiva da realidade social, isto é, uma cultura pode ser moldada por discursos hegemônicos que solidificam, fazendo o uso de representações de mundo que se passam por a-histórica e/ou universais e ideológicas, ou seja, conhecimentos que, em graus avançados, podem acabar sendo inquestionáveis se não houver uma proposta crítica de questionamento de tais discursos. Assim, posicionamo-nos dentro de um espectro teórico que permite compreender como a realidade social é coconstruída dentro de aparatos culturais.

Em seguida, discutiremos como os ECS foram forjados dentro de um seio interdisciplinar de conhecimento que os afastaram das perspectivas tradicionais de segurança. Com isso, lentes teóricas do conhecimento que legitimam os âmbitos subjetivos como constituidores de práticas, como a lente estética, foram adotadas no âmbito das perspectivas críticas de segurança. Isso significa que, a partir de tal momento, também foi permitida a produção de conhecimento com fundamento na observação e no estudo de tais práticas subjetivas dentro do campo da segurança.

Se constatarmos que cultura e segurança se relacionam dentro de práticas subjetivas, seguiremos com a ajuda da abordagem teórica estética para compreender a específica relação entre cultura e segurança que o objetivo geral deste trabalho apresenta: a forma como produtos culturais podem se engajar em práticas de segurança. Dessa forma, o presente capítulo tem como objetivo apresentar as bases teóricas que ancoram nosso argumento e justificar as lentes conceituais escolhidas.

1.1 Cultura

A cultura possui diversas definições. No entanto, dentro de um trabalho não positivista, ou seja, a partir de uma perspectiva que não parte da premissa de que a realidade social é concreta e totalmente observável, não estamos interessados em definir o que é cultura dentro de um conceito atemporal e universal, mas sim observar quais são as formas e por meios de quais práticas a cultura se manifesta em determinadas situações específicas.

A partir disso, para os fins deste trabalho, observaremos nesta seção a forma como a linguagem produz sentidos dentro de uma cultura por meio de práticas de representação. Ou seja, explicar o mundo observável e não observável — este último, como veremos, distingue nossa espécie de qualquer outra no planeta terra — a partir do campo das ideias de um indivíduo para o campo das ideias de outro indivíduo, só é possível por intermédio da linguagem, seja ela escrita, falada, desenhada. No entanto, o discurso, ou seja, o conjunto de signos linguísticos, como veremos, carrega consigo toda bagagem de vida do indivíduo que o proclama. Isso significa que ao nos comunicar estamos acionando as experiências de vida que forjaram a forma como pensamos, e isso inclui os discursos que forjaram nossa percepção da realidade, ou seja, os discursos que forjaram os nossos discursos. Ao final desta seção, pretendemos deixar esclarecido como esse sistema funciona, de que forma ele está relacionado à cultura, suas consequências, e, sobretudo, apresentar ao leitor as partes constituintes dessa estrutura que nos ajudará a, posteriormente, solucionar o problema de pesquisa apresentado.

1.1.1 Linguagem e produção de sentido

Com o objetivo de compreender de que forma a cultura e seus produtos se engajam em práticas de segurança, avançaremos, primeiro, por processos basilares para a constituição do que compreendemos, aqui, como cultura. Iniciando por duas das condições essenciais para o vínculo de uma cultura: a linguagem e os sentidos compartilhados. Podemos iniciar essa jornada por volta de 70 a 30 mil anos atrás, quando a revolução cognitiva[8] diferenciou o *Homo sapiens* de qualquer espécie existente no planeta Terra,

---

[8] Para uma compreensão histórica dos estudos que relacionam linguagem e cognição, ver Gardner (2003). Sobre a história da revolução cognitiva dos *Homo sapiens*, ver Harari (2019).

ao não somente conceder aos humanos um sistema de comunicação, por intermédio de sons, que seria efetivo para escapar dos perigos da vida selvagem — o que outras espécies também possuíam —, mas, sobretudo, ao possibilitar ao *Homo sapiens* uma capacidade exclusiva de refletir sobre coisas que não existem, e, especialmente, habilitá-lo a compartilhar tais reflexões. Nossa espécie não somente possui uma capacidade ampla de produzir informações, consumi-las, armazená-las, e compartilhá-las fazendo o uso de sistemas de linguagens de capacidades versátil e complexa, mas pode tecer mitos coletivos e compartilhar de crenças. É dessa forma que o *Homo sapiens* se destaca no âmbito da evolução em sociedade (Harari, 2019). Podemos dizer que

> [...] a ficção nos permitiu não só imaginar coisas como também fazer isso *coletivamente*. Podemos tecer mitos partilhados, tais como a história bíblica da criação, os mitos do Tempo do Sonho dos aborígenes australianos e os mitos nacionalistas dos Estados modernos. Tais mitos dão aos sapiens a capacidade sem precedentes de cooperar de modo versátil em grande número. Formigas e abelhas também podem trabalhar juntas em grande número, mas elas o fazem de maneira um tanto rígida, e apenas com parentes próximos. Lobos e chimpanzés cooperam de forma muito mais versátil do que formigas, mas só o fazem com um pequeno número de outros indivíduos que eles conhecem intimamente. Os sapiens podem cooperar de maneiras extremamente flexíveis com um número incontável de estranhos (Harari, 2019, p. 33, grifos do autor).

Se o compartilhamento de conhecimentos e crenças é tão relevante para a coesão de grupos como um todo, também seria relevante compreender a ferramenta por meio da qual tais conhecimentos e crenças são compartilhados, ou seja, a linguagem. Para Berger e Luckmann (2014, p. 55), "a vida cotidiana é, sobretudo, a vida com a linguagem, e por meio dela, de que participo com meus semelhantes. A compreensão da linguagem é por isso essencial para minha compreensão da realidade da vida cotidiana".

A partir deste ponto, onde utilizamos lentes conceituais da Sociologia do Conhecimento, assumimos o imperativo teórico de que a realidade da vida cotidiana é socialmente construída[9], ao passo que pretendemos compreender o papel da linguagem nesse processo. Para compreender tal

---

[9] Para aprofundamento do conhecimento acerca da construção social da realidade, ver Berger e Luckmann (2014).

afirmação, podemos, primeiro, entender de que forma isso acontece, para, posteriormente, assimilar o que isso significa. Conseguiríamos cooperar de maneiras flexíveis com inúmeros estranhos, então, porque compartilharíamos, via linguagem, seja ela qual for, percepções semelhantes dos significados, dos sentidos das coisas; o que, como veremos posteriormente, significa partilhar de uma mesma cultura.

Para Santaella (2017, s/p), para além da linguagem verbal, articulada por intermédio do aparelho fonador, "existe simultaneamente uma enorme variedade de outras linguagens que também se constituem em sistemas sociais e históricos de representação do mundo". Quando nos referimos à linguagem como produtora de sentido, estamos nos referindo a "uma gama incrivelmente intricada de formas sociais de comunicação e de significação [...] [e a] todos os sistemas de produção de sentido aos quais o desenvolvimento dos meios de reprodução de linguagem propiciam hoje uma enorme difusão" (Santaella, 2017, s/p). Ao nos separarmos da linguística restrita, ciência da linguagem verbal, e nos aproximarmos da semiótica[10], ciência de todos os tipos de linguagem, podemos compreender que

> Nos comunicamos também através da leitura e/ou produção de formas, volumes, massas, interações de forças, movimentos; [...] Enfim, também nos comunicamos e nos orientamos através de imagens, gráficos, sinais, setas, números, luzes... Através de objetos, sons musicais, gestos, expressões, cheiro e tato, através do olhar, do sentir e do apalpar. Somos uma espécie animal tão complexa quanto são complexas e plurais as linguagens que nos constituem como seres simbólicos, isto é, seres de linguagem (Santaella, 2017, s/p).

A comunicação por meio da linguagem seria fundamental para traduzir os signos[11] (ou seja, as palavras, os sons ou as imagens) em significados que possam ser compartilhados. Isso porque as representações mentais que cada indivíduo possui das coisas, incluindo os sentidos que tais indivíduos dão a elas, precisam de uma linguagem em comum para serem compartilhadas. Haveria, então, dois processos em curso: o do

---

[10] Para Santaella (2017, s/p), "a semiótica é a ciência que tem por objetivo de investigação todas as linguagens possíveis, ou seja, que tem por objetivo o exame dos modos de constituição de todo e qualquer fenômeno de produção de significação e de sentido".

[11] Para Hall (2016, p. 37, grifo do autor), "o termo que usamos para palavras, sons ou imagens que carregam sentido é *signo*. Os signos indicam ou representam os conceitos e as relações entre eles que carregamos em nossa mente e que, juntos, constroem os sistemas de significados da nossa cultura".

campo das ideias e o do campo material. No primeiro, daríamos sentidos às coisas recorrendo às nossas relações pessoais com elas, criando nossos próprios mapas conceituais, ou seja, conceitos "que são formados na mente [e] funcionam como um sistema de representação que classifica e organiza o mundo em categorias inteligíveis" (Hall, 2016, p. 54). No segundo, compartilharíamos tais sentidos por intermédio da linguagem (Hall, 2016). Esses dois processos levariam a um terceiro processo, um processo intermediário: o de representar o mundo das ideias no mundo material. Isso significa que para compreendermos uns aos outros não basta que compartilhemos de uma mesma língua; precisamos também compartilhar representações semelhantes de mundo.

Podemos concordar que a fruta maçã faz bem para a saúde humana, em geral, por possuir nutrientes e vitaminas que fazem bem ao nosso corpo, ao mesmo tempo que concordamos que a maçã não faz mal para a saúde por ser uma fruta supostamente maldita por ter sido o fruto proibido[12]. Sincronicamente, podemos concordar que o estigma da maçã como fruto proibido faz com que a fruta seja usada alegoricamente como símbolo da perdição, do proibido, da tentação, sobretudo no imaginário popular. Chegamos, então, a uma observação superficial de duas representações sobre a maçã na cultura brasileira do século XXI: é uma fruta que, em geral, faz bem à saúde, ao mesmo tempo que também é uma fruta com uma carga cultural reconhecida. Uma representação não exclui a outra; o que diferencia a forma como percebemos a maçã é o contexto na qual sua representação é utilizada. Dessa forma, "a relação entre 'coisas', conceitos e signos se situa, assim, no cerne da produção do sentido na linguagem, fazendo do processo que liga esses três elementos o que chamamos de 'representação'" (Hall, 2016, p. 38). Assim,

> O sentido *não* está no objeto, na pessoa ou na coisa, e muito menos *na* palavra. Somos nós quem fixamos o sentido tão firmemente que, depois de um tempo, ele parece natural e inevitável. *O sentido é construído pelo sistema de representação*. Ele é construído e fixado pelo *código*, que estabelece a correlação entre nosso sistema conceitual e nossa linguagem, de modo que, a cada vez que pensamos em uma árvore, o código nos diz para usar a palavra em português ÁRVORE, ou a palavra inglesa TREE. Ele nos informa que,

---

[12] O "fruto proibido", ou seja, o fruto que Adão e Eva teriam comido, desobedecendo ordens e, por isso, terminando por serem expulsos do paraíso, nos relatos bíblicos, é popularmente associado à maçã.

> na nossa cultura – isso é, nos nossos códigos conceituais e de linguagem – o conceito "árvore" é representado pelas letras Á, R, V, O, R, E, dispostas em certa sequência. De maneira semelhante, no Código Morse o signo para V [...] é ponto, ponto, ponto, traço; enquanto na "linguagem dos semáforos", verde = siga! E vermelho = pare! (Hall, 2016, p. 42, grifos do autor).

Assim, "a linguagem surge então como alternativa de explicação de nossa relação com a realidade enquanto relação de significação" (Marcondes, 2007, p. 256). Rastrear a criação dos sentidos das coisas, materiais ou imateriais, ao longo dos processos de representações das mesmas, permite-nos compreender de que forma os sentidos começam a ser construídos e compartilhados dentro de uma mesma cultura, seja a representação de um sentido científico de uma maçã, seja a representação de um sentido cultural de uma maçã. Na realidade social do Brasil do século XXI, podemos utilizar a representação científica para vender maçãs, por meio da linguagem escrita em um cartaz de supermercado, ao mesmo tempo que podemos utilizar a representação cultural para simbolizar, por intermédio da linguagem estética de uma obra audiovisual, que uma maçã disposta de uma forma específica na película nos remete às interpretações subjetivas de perdição, proibido e tentação que discutimos anteriormente.

Esse é o papel da linguagem na intermediação dos sentidos. Se "nós, não somos, em nenhum sentido, os 'autores' das afirmações que fazemos ou dos significados que expressamos na língua" (Hall, 2019, p. 25), porque o conhecimento, por exemplo sobre uma maçã, já é tão sedimentado em determinada sociedade que é difícil modificá-lo, é porque nós "podemos utilizar a língua para produzir significados apenas nos posicionando no interior das regras da língua e dos sistemas de significado de nossa cultura. A língua é um sistema social e não um sistema individual. Ela preexiste a nós" (Hall, 2019, p. 25). O campo da semiótica permitiu-nos compreender que, ao utilizar determinado sistema linguístico, os indivíduos ativariam uma gama de significados preexistentes dentro desse sistema; significados, esses, fixados tanto no próprio sistema linguístico quanto no sistema cultural.

> Nessa medida, a linguagem falada, ou a linguagem articulada, só pode produzir sentido, só pode significar, sob a condição de dar forma a um certo material, segundo regras combinatórias precisas. A língua é uma bateria combinatória, estabelecida por convenção ou pacto coletivo, arma-

zenada no cérebro dos indivíduos falantes de uma dada comunidade. Somente na medida em que nos submetemos a essas regras, podemos nos integrar numa comunidade linguística e social. Nascer, portanto, não é senão chegar a encontrar a língua pronta. E aprender a língua materna não é senão ser obrigado, desde a mais tenra idade, a se inscrever nas estruturas da língua. Pode-se concluir: a língua não está em nós, nós é que estamos na língua (Santaella, 2017, s/p).

Para Saussure (2006), o signo, ou seja, o condutor de determinada mensagem, seria constituído por duas partes: um significante, isso é, a forma, a escrita, a palavra em si, e um significado, ou seja, a ideia ou conceito que aquele signo pretende traduzir. "Os dois são necessários para produzir sentido, mas é a relação entre eles, fixada pelo nosso código cultural e linguístico, que sustenta a representação" (Hall, 2016, p. 57). Com a intenção de compreender determinado significante seria preciso, antes, compreender seu significado dentro de um recorte cultural e temporal. Em outras palavras, não podemos somente conhecer as palavras. Para assimilar as mensagens que os indivíduos querem passar utilizando de tais palavras, precisamos, também, compreender e compartilhar os sentidos das mesmas. Tais sentidos compartilhados não seriam fixos ou universais nem sequer no interior de uma mesma cultura, uma vez que é mediante um sistema de convenções sociais mutável, de acordo com períodos históricos ou distribuições geográficas, que os sentidos são fixados. Assim, "todos os sentidos são produzidos dentro da história e da cultura" (Hall, 2016, p. 59).

> Nos campos semânticos assim construídos, a experiência, tanto biográfica quanto histórica, pode ser objetivada, conservada e acumulada. A acumulação, está claro, é seletiva, pois os campos semânticos determinam aquilo que será retido e o que será "esquecido", como partes da experiência total do indivíduo e da sociedade. Em virtude desta acumulação constitui-se um acervo social de conhecimento que é transmitido de uma geração a outra e utilizável pelo indivíduo na vida cotidiana equipado com corpos específicos de conhecimento. Mais ainda, sei que outros compartilham, ao menos em parte, deste conhecimento, e eles sabem que eu sei disso. Minha interação com os outros na vida cotidiana é, por conseguinte, constantemente afetada por nossa participação comum no acervo social disponível do conhecimento (Berger; Luckmann, 2014, p. 60).

O sentido das coisas, portanto, não seria descoberto, mas sim produzido, sendo a linguagem "um veículo de sentidos numa cultura" (Hall, 2016, p. 26). Os significados produzidos no interior de uma cultura, ou seja, a forma como essa cultura interpreta como as coisas foram, são, estão ou serão, são compartilhados por meio da linguagem. Sintetizando, quando a linguagem é utilizada para comunicar a outros a ideia de algo, como, por exemplo, um lápis, o que se está comunicando é a representação, por meio da linguagem, de um lápis. O conceito, a ideia do que seria um "lápis" é compartilhada por quem a utilizou para quem a recebeu, passando da representação mental do primeiro indivíduo acerca de um lápis para a representação mental do segundo indivíduo acerca de um lápis. Assim, os sentidos e significados produzidos são dados e compartilhados por intermédio da linguagem.

Dessa forma, compreender a língua, seja ela falada ou escrita, sonora ou visual, sobretudo a partir de uma visão social-construtivista da linguagem é de grande relevância para compreendermos de que forma a questão da representação, por meio da linguagem, ecoa nos estudos dos campos culturais. Sendo assim, nesta subseção, tivemos a oportunidade de começar a compreender de que forma a linguagem é responsável por carregar e transformar os sentidos produzidos pelos indivíduos. Esse fato é significativo para os fins deste trabalho, porque a forma como compreendemos a linguagem, até agora, é relevante para a compreensão de como os sistemas de representação são criados no interior de uma cultura.

Na subseção seguinte, buscaremos nos aprofundar ainda mais nos significados de cultura, de que forma as representações possuem a capacidade de moldar culturas, e o porquê de só poderem ser interpretadas no seio dessas culturas, para, posteriormente, atentarmo-nos para o fato de que sistemas linguísticos, sejam eles qual forem, podem ser utilizados para criar ou alterar significados, por meio de disputas narrativas, que moldam as experiências sociais dentro de uma cultura, consequentemente, alterando a percepção da realidade social.

1.1.2 Cultura e representações

Com o objetivo de compreendermos as formas por meio das quais as representações moldam os sentidos das coisas e, como resultado, alteram a percepção da realidade de uma cultura, nesta subseção pretendemos apresentar o que compreendemos como cultura e de que forma ela se relaciona com as representações, para, por fim, compreendermos que uma cultura pode ser definida pelo seu compartilhamento de sentidos, por intermédio de uma linguagem em comum, ou seja, que as representações do mundo das ideias alteram, moldam, influenciam a forma como uma cultura lida com o mundo físico.

Edward Said (2011, p. 10) apresenta dois consideráveis sentidos do que seria cultura. O primeiro seria cultura como "as práticas, como artes de descrição, comunicação e representação, que têm relativa autonomia perante os campos econômico, social e político, e que amiúde existem sob formas estéticas, sendo o prazer um de seus principais objetivos". O segundo, seria a cultura sendo "uma espécie de teatro em que várias causas políticas e ideológicas se empenham mutuamente. Longe de ser um plácido reino de refinamento apolíneo, a cultura pode ser um campo de batalha onde as causas se expõem à luz do dia e lutam entre si" (Said, 2011, p. 12). Dessa forma, o autor relaciona a cultura com dois principais dispositivos em disputa: representações e narrativas[13]. Hall (2016), superando os conceitos antropológico e sociológico de cultura[14] e levando em consideração a importância do sentido para definir cultura — como herança da chamada virada cultural[15] —, compartilha das ideias de Said (2007, 2011) acerca da cultura como um conjunto de práticas. Para Hall (2016),

> Basicamente, a cultura diz respeito à produção e ao intercâmbio de sentidos – o "compartilhamento de significados" – entre os membros de um grupo ou sociedade. Afirmar que dois indivíduos pertencem à mesma cultura equivale a dizer que eles interpretam o mundo de maneira semelhante e podem expressar seus pensamentos e sentimentos de forma que um compreenda o outro. Assim, a cultura depende de que seus participantes interpretem o que acontece ao seu redor e "deem sentido" às coisas de forma semelhante (Hall, 2016, p. 20).

---

[13] Neste trabalho, iremos analisar as disputas narrativas a partir do discurso. A subseção 1.1.3 esclarecerá melhor o que entendemos como discurso e por qual razão utilizaremos tal intermédio para analisar as disputas narrativas culturais.

[14] Hall (2016, p. 19) vai dizer que "Nos últimos anos [...] em um contexto mais próximo das ciências sociais, a palavra 'cultura' passou a ser utilizada para se referir a tudo o que seja característico sobre o 'modo de vida' de um povo, de uma comunidade, de uma nação ou de um grupo social – o que veio a ser conhecido como a definição 'antropológica'. Por outro lado, a palavra também passou a ser utilizada para descrever 'valores compartilhados' de um grupo ou sociedade – o que de certo modo se assemelha à definição antropológica, mas com uma ênfase sociológica maior".

[15] Sobre a Virada Cultural, que possibilitou a mudança de foco da epistemologia positivista para a produção de sentidos, ver Steven (2007).

É em vista disso que a linguagem em comum que uma cultura compartilha é relevante para que os indivíduos compartilhem de sentidos semelhantes acerca do mundo ao seu redor. "Nesse sentido, o estudo da cultura ressalta o papel fundamental do domínio *simbólico* no centro da vida em sociedade" (Hall, 2016, p. 21, grifo do autor). Isso porque "a linguagem também tipifica as experiências, permitindo-me agrupá-las em amplas categorias, em termos das quais tem sentido não somente para mim, mas também para meus semelhantes" (Berger; Luckmann, 2014, p. 57). Assim, a cultura seria coconstruída por intermédio das representações, da produção de sentidos, entre os indivíduos que pertencem a um mesmo grupo. Para Hall (2016), o sentido em comum seria produzido por meio do circuito cultural:

> O sentido é o que nos permite cultivar a noção de nossa própria identidade, de quem somos e a quem "pertencemos" – e, assim, ele se relaciona com as questões sobre como a cultura é usada para restringir ou manter a identidade dentro do grupo e sobre a diferença entre grupos [...]. O sentido é constantemente elaborado e compartilhado em cada interação pessoal e social da qual fazemos parte. [...] O sentido também é produzido em uma variedade de mídias; especialmente, nos dias de hoje, na moderna mídia de massa, nos sistemas de comunicação global, de tecnologia complexa, que fazem sentidos circularem entre diferentes culturas numa velocidade e escala até então desconhecidas na história [...]. O sentido também é criado sempre que nos expressamos por meio de "objetos culturais", os consumimos, deles fazemos uso ou nos apropriamos; isto é, quando nós os integramos de diferentes maneiras nas práticas e rituais cotidianos e, assim, investimos tais objetos de valor e significado. [...] Os sentidos também regulam e organizam nossas práticas e condutas: auxiliam no estabelecimento de normas e convenções segundo as quais a vida em sociedade é ordenada e administrada. [...] Em outras palavras, a questão do sentido relaciona-se a *todos* os diferentes momentos ou práticas em nosso "circuito cultural" – na construção da identidade e na demarcação das diferenças, na produção e no consumo, bem como na regulação da conduta social. [...] [E] um dos "meios" privilegiados através do qual o sentido se vê elaborado e perpassado é a *linguagem* (Hall, 2016, p. 21-22, grifos do autor).

Dessa forma, "a linguagem constrói, então, imensos edifícios de representação simbólica que parecem elevar-se sobre a realidade da vida cotidiana como gigantescas presenças de um outro mundo"; assim, "a linguagem é capaz não somente de construir símbolos altamente abstraídos da experiência diária, mas também de 'fazer retornar' estes símbolos, apresentando-os como elementos objetivamente reais na vida cotidiana" (Berger; Luckmann, 2014, p. 59), sobretudo quando observamos essa dinâmica dentro de uma cultura compartilhada.

Bleiker (2001) e Hall (2016) reafirmam a potência do ato representativo de algo para que um significado seja formado, especialmente dentro de uma mesma cultura. Assim, a representação seria "uma das práticas centrais que produz a cultura" (Hall, 2016, p. 11). Se procuramos compreender de que forma os produtos culturais se engajam em práticas de segurança, temos, então um elo que correlaciona interdisciplinarmente cultura e segurança: a representação, que "diz respeito à produção de sentido pela linguagem" (Hall, 2016, p. 32). Hall (2016, p. 10) destaca a noção de representação não como um reflexo do que está sendo representado, mas sim como "uma perspectiva mais ativa e constitutiva sobre o ato representativo, nos processos de construção da realidade social". Por isso a linguagem é observada como "uma prática significante" por Hall (2016, p. 24), pois seria um sistema representacional que, no interior de uma cultura, criaria significados em comum, uma vez que

> Na linguagem, fazemos uso de signos e símbolos – sejam eles sonoros, escritos, imagens eletrônicas, notas musicais e até objetos – para significar ou representar para outros indivíduos nossos conceitos, ideias e sentimentos. A linguagem é um dos "meios" através do qual pensamentos, ideias e sentimentos são representados numa cultura. A representação pela linguagem é, portanto, essencial aos processos pelos quais os significados são produzidos (Hall, 2016, p. 18).

Pelo intermédio da linguagem, então, sinais e símbolos constroem zonas de significação dentro de uma mesma cultura. Um processo de sedimentação dos sentidos produzidos e compartilhados que torna as experiências compartilhadas dentro de um mesmo tempo histórico e geográfico uma espécie de acervo coletivo do conhecimento, legitimando tais interpretações da realidade. Por isso, "para entender o estado do universo socialmente construído em qualquer momento, ou a variação dele com o tempo, é preciso entender a organização social que permite aos definidores fazerem suas definições" (Berger; Luckmann, 2014, p. 151).

Pertencer a uma mesma cultura, para Hall (2016), é ser capaz de compartilhar mapas conceituais semelhantes, ou seja, representações semelhantes, que nos permitiriam interpretar o mundo de forma equivalente. Mas se, como afirmou o autor, a cultura é "uma espécie de teatro em que várias causas políticas e ideológicas se empenham mutuamente" bem como "pode ser um campo de batalha onde as causas se expõem à luz do dia e lutam entre si" (Hall, 2016, p. 12), compreender determinadas representações e interpretações da realidade envolve não necessariamente somente questionar o que se está sendo dito, mas também por quem está sendo dito, como observaram Berger e Luckmann (2014).

Dessa forma, por mais que a abordagem semiótica da linguagem tenha sido um passo importante para nos aproximar da preocupação com a produção de sentido por meio da linguagem, fornecendo um ambiente onde podemos compreender que não há significados universais e atemporais[16], e, sobretudo, que o ato de interpretação do sentido é necessário para compreender os signos, ou seja, o receptor, o leitor, o ouvinte seriam tão importantes para a produção de sentido quanto o emissor, o escritor e orador das linguagens (Hall, 2016), para os fins deste trabalho, um passo além é preciso ser dado. Precisamos olhar para as abordagens discursivas[17] para compreender de que forma os discursos[18], forjados no interior das representações, podem ser utilizados, de forma intencional ou não, como dispositivos capazes de moldar, em uma cultura, interpretações particulares de mundo[19].

Isso porque há uma diferença pertinente entre os caminhos percorridos pela semiótica e as abordagens discursivas, uma vez que "a *semiótica* se concentra em *como* a representação e a linguagem produzem sentido – o que tem sido chamado de 'poética' – enquanto a abordagem *discursiva* se concentra mais nos *efeitos e consequências* da representação – isto é, a sua 'política'" (Hall, 2016, p. 26-27, grifos do autor). Interessa-nos, aqui, compreender como a produção de sentido, e, consequentemente,

---

[16] Ver Foucault (2008).

[17] "[...] 'discursiva' se tornou o termo geral utilizado para fazer referência a qualquer abordagem em que o sentido, a representação e a cultura são elementos considerados constitutivos" (Hall, 2016, p. 26).

[18] Sendo *discurso* "um conjunto de sequências de signos, enquanto enunciados, isto é, enquanto lhes podemos atribuir modalidades particulares de existência" (Foucault, 2008, s/p).

[19] Para Paixão (2013), "os trabalhos em análise do discurso não se identificam, então, com a descrição dos mecanismos internos da língua, mas na relação entre o linguístico/a materialidade linguística e o histórico, entendido como processo ininterrupto de produção de sentidos. Estabelece-se, então, não a língua como objeto de estudo, mas o discurso, fruto da conjugação de aspectos linguísticos e de aspectos histórico-ideológicos".

como o conhecimento produzido e reproduzido pelos atos discursivos, "se relaciona com o poder, regula condutas, inventa ou constrói identidades e subjetividades e define o modo pelo qual certos objetos são representados, concebidos, experimentados e analisados" (Hall, 2016, p. 27). Assim, temos na representação uma prática do discurso, e por isso a necessidade de compreender o que são discursos e como eles carregam representações — de mundo, de ideias, de interpretações — será explorada na subseção seguinte.

Isto posto, nesta subseção, buscamos compreender de que forma as representações são relevantes para a produção dos sentidos que, consequentemente, moldam a percepção coletiva da realidade social à medida que elas são parte de discursos criados e moldados no interior de uma cultura que compartilha um mesmo código de linguagem. Essa bagagem teórica será útil para os fins deste trabalho, uma vez que precisamos compreender, por fim, de que forma as representações podem ser utilizadas, no interior dos discursos, com o objetivo de modificar ou legitimar percepções coletivas da realidade social de uma cultura, em busca da hegemonia de determinada ideologia, como veremos na próxima subseção.

1.1.3 Discurso, ideologia e hegemonia

Nesta última subseção da seção, após abordamos a cultura e como ela pode ser moldada por meio de representações da realidade social por intermédio da linguagem, pretendemos, por fim, apresentar as implicações das representações como atos discursivos. Isso significa que as representações, que observamos que podem moldar as percepções da realidade, poderiam ser utilizadas também de forma intencional para conduzir ideias no interior de uma cultura. Dessa forma, ideias e percepções particulares da realidade — o que iremos tratar como ideologias[20] — poderiam estar penetradas no interior de discursos, que utilizam das representações de mundo convenientes a eles para serem fortalecidas e perpetuadas. Quando isso acontece, ou seja, quando determinada percepção de mundo, ou ideologia, é sedimentada no interior de uma cultura, podemos dizer que estamos frente a um pensamento hegemônico cultural.

---

[20] Para Almeida (2011, p. 6), "no sentido mais amplo, ideologia é uma visão de mundo. É, assim, uma concepção do mundo, um sistema de valores, opiniões, crenças que representam uma leitura social da realidade, uma visão do real. Mesmo sendo identificadas num indivíduo, a ideologia é uma representação ou uma combinação de representações sociais, menos ou mais coerentes. Assim, a ideologia traduz, até certo ponto, o que é um grupo social - naquilo que são suas representações sociais da realidade - e do que pode orientar suas ações".

Para a literatura da área, Michel Foucault teria sido responsável por alargar as fronteiras disciplinares das ciências sociais ao rever e aprofundar o conceito de discurso. Segundo Araújo (2004, p. 219), "Foucault inverte os níveis consagrados de análise e de sustentação epistemológica da linguística: não se vai da frase gramatical ao ato de discurso, pois é enquanto discurso que uma frase ganha estatuto de frase gramatical". A autora completa:

> Até Kant, dominava a filosofia o pensamento do infinito e da verdade, com a pergunta sobre como e o que sabemos acerca do conhecimento. No momento em que Kant pergunta pelo homem, os limites e propriedades de sua razão, o homem tornou-se objeto de conhecimento. O pressuposto era o de que conhecer o homem levaria o próprio homem a ser sujeito de sua liberdade e de sua existência. Mas as investigações acerca do homem descobriram a linguagem e os sistemas quase lógicos, estruturais, que o constituem e que, além disso, há o inconsciente, a loucura. Quanto mais longe se ia (psicanálise, etnologia, linguística), menos se encontrava a figura unitária "homem". As ciências humanas não podem encontrar o homem como sujeito de sua liberdade, esse desapareceu cindido pelos saberes múltiplos que o tomam por objeto. Claro que a tarefa de constituir o homem como objeto de saber prossegue, mas há todo um risco inerente a tal tarefa, ou seja, de que o próprio saber produzido venha a constituir um certo tipo de subjetividade, resultado do tipo de investigação praticado pelas ciências humanas, especialmente a psicologia. Ignorar esse risco que ronda toda produção de saber é justamente ignorar a dimensão discursiva. E esta dimensão que interessa abordar. [...] É preciso olhar não para os encadeamentos linguísticos propriamente ditos, para as frases geradas pela gramática, para o velho significante, mas também não basta olhar na direção do significado. É preciso olhar para a dimensão que situa e sustenta o fator propriamente linguístico, que é justamente a dimensão do discurso (Araújo, 2004, p. 218-219).

Em outras palavras, "a linguagem não serve para 'dizer' a 'realidade'. Não há simplesmente de um lado a significação (palavras), que representaria as coisas, consideradas como entes em si, que estariam no outro lado, como puros dados" (Araújo, 2004, p. 216). O campo de análise do discurso que os estudos de Foucault ajudaram a edificar entende que "só há língua, porque há um discurso que a sustenta" (Paixão, 2013, p.

CULTURA POPULAR, ESTÉTICA E SEGURANÇA NACIONAL:
A CONSTRUÇÃO DE AMEAÇAS E INIMIGOS NA SÉRIE HOMELAND (2010-2018)

21). Claro, o filósofo não ignora o legado da linguística anterior a ele. Para Foucault (2008, s/p, grifo do autor), "certamente os discursos são feitos de signos; mas o que fazem é mais que utilizar esses signos para designar coisas. É esse *mais* que os torna irredutíveis à língua e ao ato da fala. É esse 'mais' que é preciso fazer aparecer e que é preciso descrever". Sendo assim,

> Para encontrar a dimensão discursiva, evita-se as amarras de uma teoria, as explicações fenomênicas, a busca de causas determinantes, que valem para o historiador das ideias ou da ciência, mas não para o analista do discurso [...]. Foi aproximadamente isso que Saussure e Chomsky fizeram. Essas análises de cunho estritamente linguístico visam saber quais são as regras de construção de uma frase ou sentença [...]. A questão pertinente para o arqueólogo/genealogista não é a das regras linguísticas de construção, e sim de como é que pôde acontecer que um determinado enunciado tenha surgido, justamente ele, e nenhum outro em seu lugar. Para a história das ideias importa o que disse um sujeito, com suas intenções, ou mesmo com o jogo do inconsciente, de modo que é preciso resgatar sua palavra, seu texto, como interpretá-lo corretamente [...]. Na análise do campo discursivo [...] trata-se de apreender o enunciado nos limites e na singularidade de seu acontecimento. [...] Os enunciados são de natureza histórica, têm na história suas condições de emergência, que a língua e o sentido não esgotam. São produzidos por um dizer ou uma escrita registrados de alguma forma, portanto, com uma materialidade específica, de tal modo que, apesar de únicos, podem ser repetidos, transformados, reativados. O que permite ligações com acontecimentos de outra ordem, quais sejam, fatores técnicos, econômicos, sociais, políticos (Araújo, 2004, p. 219-220).

Os principais interesses foucaultianos eram, então, "as regras e práticas que produziam pronunciamentos com sentido e os discursos regulados em diferentes períodos históricos" (Hall, 2016, p. 80)[21]. Dessa

---

[21] Agora, discurso como "um grupo de pronunciamentos que proporciona uma linguagem para falar sobre um tópico particular ou um momento histórico – uma forma de representar o conhecimento sobre tais temas. Quando afirmações sobre um tópico são feitas dentro de um determinado discurso, o discurso torna possível construir o tópico de uma determinada maneira. Também limita as outras maneiras pelas quais o tópico pode ser construído. [...] o discurso tem a ver com a produção do sentido pela linguagem. Contudo, [...] uma vez que todas as práticas sociais implicam *sentido*, e sentidos definem e influenciam o que fazemos – nossa conduta – todas as práticas têm um aspecto discursivo. Assim, o discurso entra e influencia todas as práticas sociais (Hall, 1992, p. 291, grifo do autor).

forma, como enfatiza Marcondes (2010, s/p), "o método arqueológico que Foucault formula tem como ponto de partida a necessidade de uma reinterpretação da história, revelando os pressupostos e elementos subjacentes aos saberes de um determinado período histórico e relativizando esses saberes". Foucault faz isso ao se preocupar não apenas com a produção de sentido em si, mas sobretudo com as forças que moldam a produção dos sentidos das coisas. Para o autor, não é a linguística que nos domina, mas sim a historicidade (Foucault, 1979).

Os discursos, dentro de suas temporalidades históricas e geográficas, possuiriam a capacidade de moldar a forma como determinados assuntos e aspectos da vida seriam amplamente compreendidos. Dos mais básicos aspectos da vida cotidiana, como a nossa interpretação do que significa um eclipse lunar[22], aos mais altos aspectos da vida política, como a nossa interpretação sobre quais seriam os maiores inimigos e ameaças para a segurança de nossa nação. Isso aconteceria devido à chamada formação discursiva (Foucault, 2008). Isto é, os sentidos das coisas, que estão em constante mudança, quando encontram bases prolongadas e enfatizadas, ou seja, quando eventos discursivos são compartilhados em grande escala, em uma mesma "direção e padrão institucional, administrativo ou político em comum"[23] (Cousins; Hussain, 1984, p. 85), eles produziriam certo consenso acerca de conhecimentos.

Isso significaria que, quando forças em conjunto em um mesmo espaço discursivo, como o discurso pseudocientífico ou o discurso político de segurança, compreendem em si mesmas um conjunto de enunciados similares[24] e ligados às regras de formatação de um determinado período histórico e geográfico, estes constituem formações discursivas[25],

---

[22] Não faltam exemplos, como mostra Bernardino (2020): "Os atenienses, na Grécia antiga, acreditavam que os eclipses (solares ou lunares) eram causados por deuses furiosos; logo, eram considerados mau presságio. [...] Os maias, na América Central, acreditavam que, durante os eclipses lunares, um jaguar gigante devorava a Lua. Ele se movia pela escuridão e sua pele se assemelhava a um céu estrelado. [...] No Japão, poços eram fechados para evitar que a água fosse contaminada pelo suposto veneno que vinha dos céus, proveniente do eclipse. [...] Na Escandinávia, acredita-se que dois lobos chamados Skoll e Hat aterrorizavam o Sol e a Lua".

[23] Essa e as demais traduções de obras em línguas estrangeiras foram feitas pela autora.

[24] Sendo *enunciados* a modalidade de existência própria de um conjunto de signos, ou seja, de frases ou proposições reconhecíveis pela gramática ou pela lógica (Foucault, 2008).

[25] Para Cousins e Hussain (1984, p. 84-85), "em primeiro lugar, existe uma formação discursiva se os enunciados nela se referem a um único e mesmo objeto. Em segundo lugar, existe uma formação discursiva se houver um 'estilo' semelhante para a existência de enunciados, uma forma comum de fazer enunciados. Em terceiro lugar, existe uma formação discursiva se houver uma constância de conceitos empregados nos enunciados. Por fim, existe uma formação discursiva se todos os enunciados apoiam um 'tema' em comum,

assim partilhando de significações semelhantes, práticas significantes que tomariam forma de conhecimento, como se este fosse atemporal ou universal. O que permitiu Foucault (2008, s/p) afirmar que discurso seria um "conjunto de enunciados que se apoia em um mesmo sistema de formação". Não propondo que o conhecimento não existe fora do discurso, mas sim que dentro de uma mesma formação discursiva, os enunciados ganham uma maior força para produzir sentidos, por meio dos sujeitos (Foucault, 2008; Hall, 2016). Em termos foucaultianos,

> É o discurso, não os sujeitos que o falam, que produz o conhecimento. Sujeitos podem produzir textos particulares, mas eles estão operando dentro dos limites da *episteme*, da *formação discursiva*, do regime da verdade, de uma cultura e período particulares. [...] O "sujeito" de Foucault parece ser produzido por meio do discurso em *dois* sentidos ou lugares diferentes. Primeiro, o próprio discurso produz "sujeitos" – figuras que personificam formas particulares de conhecimento que o discurso produz. [...] [E, segundo,] O discurso também produz um *lugar para o sujeito* [...] onde seus significados e entendimentos específicos fazem sentido. Não é inevitável, nesse sentido, que todos os indivíduos em um dado período se tornem sujeitos de um discurso em especial, portadores de seu poder/conhecimento. Mas para que eles – nós – assim façam/façamos, é preciso se/nos colocar na posição da qual o discurso faz mais sentido, virando então seus "sujeitos" ao "sujeitar" nós mesmos aos seus significados, poder e regulação; [...] Os indivíduos podem se distinguir por suas características de classes sociais, gêneros, "raças", etnias (dentre outros fatores), mas não serão capazes de captar o sentido até que tenham se identificado com aquelas posições que o discurso constrói, *sujeitando-se* a suas regras, e então se tornando *sujeitos de seu poder/conhecimento* (Hall, 2016, p. 99-100)[26].

---

o que Foucault em seus trabalhos posteriores chamará de 'estratégia', uma tendência e padrão institucional, administrativo ou político em comum".

[26] Como aponta Inês Araújo (2004, p. 223-224), "Foucault distingue o autor de elocuções ou aquele que escreve uma formulação dispondo de signos de um sistema linguístico, da função-sujeito de um enunciado. [...] Sujeito de um discurso não é a origem ou ponto de partida da articulação, nem aquele que ordena as palavras significativamente, portanto não é sujeito psicológico, intencional; não é sempre idêntico a si, pois o lugar vazio poderá ser efetivamente ocupado por indivíduos diferentes, lugar esse que pode ou não mudar. Sempre que se puder assinalar essa função-sujeito - uma frase gramatical, uma proposição lógica ou um ato de fala -, passa a valer como enunciado no interior de um dado discurso".

Assim, como quando em *A Palavra e as Coisas* (1999), onde Foucault faz uma interpretação do famoso quadro *Las Meninas* (1656) do pintor espanhol Diego Velázquez, o autor dialoga com a teoria da representação, uma vez que assume que o sentido das coisas, como, por exemplo, de uma pintura, seria produzido "por meio dessa complexa interação entre *presença* (o que você vê, o visível) e *ausência* (o que você não pode ver, o que está deslocado no quadro). A representação funciona tanto no que *não é* mostrado, quanto no que é mostrado" (Hall, 2016, p. 105, grifos do autor). Nesse caso, para Hall (2016, p. 106), "o sentido é, portanto, construído no diálogo entre a pintura e o espectador". E o autor vai além:

> Para a pintura funcionar, o espectador, quem quer que ele ou ela seja, deve primeiro se *sujeitar* ao discurso dela e, dessa forma, tornar-se o espectador ideal da pintura, o produtor de seus sentidos – seu "sujeito". Isso é o que significa quando é dito que o discurso constrói um lugar para o sujeito-espectador que está olhando e produzindo um sentido para a cena (Hall, 2016, p. 107).

Assim, o discurso não seria um dispositivo de um só pensamento dominante, mas "o ato de inserção do sujeito em uma instituição que o domina. O discurso, desse modo, invade a realidade, sendo a um só tempo dispositivo social e representação" (Machado, 2010, p. 70). Se para o pensamento crítico-dialético de Karl Marx, "o confronto com a ideologia tem como contrapartida necessária a transformação da organização social que a possibilita" (Machado, 2010, p. 70), em moldes foucaultianos, seria impossível a "separação entre a ordem social e a discursiva", já que "o discurso passa, então, a ser visto como um dispositivo social de sujeição" (Machado, 2010, p. 71). Assim, "Foucault descartou a crítica marxista da ideologia, com sua distinção normativa entre verdade e falsidade, como um epifenômeno da vontade de conhecimento" (Hanssen, 2008, p. 347). Nesse sentido,

> O discurso não é produto ou subproduto de determinada classe social, por isso mesmo não faz sentido denunciar a suposta posse do discurso pela classe dominante, nem faz sentido afirmar que essa classe trata de despojá-lo de seu vigor, neutralizá-lo. O discurso não é "possuído" por certo grupo poderoso, como insistem erradamente certos teóricos. Os discursos são práticas que constituem modos de arranjar objetos para o saber, dispor de temas e conceitos, reservar uma posição a quem pode ou deve ocupar o lugar vazio de

> sujeito do enunciado. Não deturpam, não enganam; não são ideológicos, ilusórios; seu efeito é produtivo, criador de saber sobre o comportamento de indivíduos (disciplinarização), populações (biopoder), sexualidade (normalidade), doença e loucura (medicalização), e, por isso mesmo, dotados de poder. Supor que iludem implica supor que há uma realidade intocada de um lado, e um sujeito constituinte, um macrossujeito de outro lado, cuja mente espelha a realidade. Desse modo, a análise do discurso não pode servir para fins político-ideológicos. Foucault não descarta de forma alguma o compromisso político, mas não como libertação de uma dominação ideológica realizada pelo discurso e sim pelas políticas de denúncia e resistência. Talvez por essa razão a proposta foucaultiana seja considerada por alguns como insuficiente diante de uma sociedade do risco, da diferença, da violência (Araújo, 2004, p. 238-239).

Se os discursos são práticas que produzem saberes que moldam a realidade social, moldando "o comportamento de indivíduos (disciplinarização), populações (biopoder), sexualidade (normalidade), doença e loucura (medicalização)" (Araújo, 2004, p. 238), as Instituições que detêm o monopólio de tais discursos consequentemente deteriam o poder sobre os indivíduos e, em última instância, sobre a realidade social que ajudariam a moldar. Isso porque, como observa Foucault (1979, 1987), os indivíduos não são exteriores ao poder que as Instituições, macro ou microfísicas, exercem, ou seja, o indivíduo não seria dominado pelo poder exercido seja pela família, pela escola ou pelas prisões, mas, na verdade, seria moldado por eles. Isso aconteceria porque os poderes dessas Instituições não vêm da imposição de força bruta, mas sim da sedimentação de determinadas percepções da realidade, que acabam gerando saberes e produzindo verdades, por intermédio dos discursos, que, por fim, sujeitam o indivíduo, que se formou dentro de tal cultura, no tempo e espaço geográfico exato onde tais poderes são ativos, a ter a sua existência e comportamento moldados por isso. Dessa forma,

> Foucault contribui apontando para uma análise diversa, que não é linguística e nem lógica, nem pretende fundar uma nova disciplina para dar conta de fenômenos que extrapolam a semântica. Trata-se de uma contribuição que enriquece a dimensão das análises do discurso mostrando que o discurso é uma prática em meio a outras práticas, a da efetividade dos acontecimentos enunciativos. O enunciado

> discursivo vale como se fosse um objeto a ser disputado, algo desejável, uma vez que veiculam, constituem, distribuem saber e poder. A função discursiva é o terreno em que a referência, a designação, a significação, o uso em situação, o falante em contexto, os atos de fala, cada um deles toma efeito. Foucault analisa uma espécie de lugar epistêmico em que todos esses fatores atuam e se distribuem, que é o lugar das práticas discursivas, lugar mais da história das lutas e embates, do que da estrutura e das regras linguísticas (Araújo, 2004, p. 244).

Se para o pensamento foucaultiano o discurso não é ideológico em si, mas o "enunciado discursivo vale como se fosse um objeto a ser disputado, algo desejável, uma vez que veiculam, constituem, distribuem saber e poder" (Araújo, 2004, p. 244), e, para além disso, se Foucault "entendeu a história como um campo de forças agonístico de múltiplas estratégias, técnicas e práticas discursivas, o qual permitiria, em qualquer momento, a inversão das relações existentes de poder" (Hanssen, 2008, p. 345), podemos encontrar em Antonio Gramsci uma fonte para pensar o discurso não como uma prática única, possuída por uma só classe e utilizada para carregar os interesses ideológicos de tal classe, seguindo as premissas de Foucault, que rejeitava a ideia marxista de uma ideologia dominada por uma classe, que mascarava uma "verdadeira realidade" (Marcondes, 2007, p. 236), mas sim como práticas que não são ideológicas em si, mas que carregam ideologias, no plural, e que podem ser superadas, transformadas.

Gramsci poderia nos levar da ideia revolucionária de ideologia nos moldes marxistas, que seria "posse de uma classe dominante cuja ideologia ilude os dominados" (Araújo, 2004, p. 244), onde haveria um compromisso com a libertação de tal ideologia dominante, à ideia do discurso não como um dispositivo de posse de determinada classe social, mas sim como um condutor de diversas ideologias por meio de seus enunciados. Uma vez que o discurso, para Foucault (2008), é o lugar onde os saberes são criados, rastrear a produção de tais saberes, ao longo de sua historicidade, poderia permitir ao indivíduo tomar consciência de tais práticas discursivas, e, mais relevante, buscar formas de transformá-las por meio da crítica[27].

---

[27] Crítica também em termos foucaultianos, "que não se deve confundir [...] com a interpretação transcendental da crítica – [mas sim] um trabalho de nós mesmos sobre nós mesmos no reconhecimento de nossa determinação histórica" (Foucault *apud* Hanssen, 2008, p. 335), assim como o próprio filósofo demonstrou interesse em "entender os 'pontos de resistência' a diferentes tipos de poder, do *pouvoir-savoir*, do *pouvoir-guerre* e do biopoder até as estratégias modernas de 'individualização' empregadas pelo Estado" (Foucault *apud* Hanssen, 2008, p. 345).

Assim, se "a ideologia – enquanto concepção do mundo articulada com uma ética correspondente – é algo que transcende o conhecimento e se liga diretamente com a ação para influir no comportamento dos homens" (Coutinho, 1989, p. 65), a crítica ideológica seria uma batalha cultural. E essa batalha seria permitida por um contexto posterior ao contexto que inspirou o conceito de ideologia nos moldes marxistas, modernizado por Gramsci. Isto é,

> Com as revoluções democrático-burguesas [...] os instrumentos ideológicos de legitimação, a começar pelas Igrejas, passam a ser algo "privado" em relação ao "público"; o Estado já não impõe coercivamente uma religião; e até mesmo o sistema escolar, controlado agora em grande parte pelo Estado, passa a admitir cada vez mais uma disputa ideológica em seu próprio interior. As ideologias, ainda que naturalmente não sejam indiferentes ao Estado, tornam-se algo "privado" em relação a ele: a adesão às ideologias em disputa torna-se um ato voluntário (ou relativamente voluntário), e não mais algo imposto coercivamente (Coutinho, 1989, p. 80)[28].

Assim, a ideologia produziria um impacto na vida humana e social em termos de moldar historicamente o campo das ideias, da produção de sentido e do conhecimento, mas seria parte de uma disputa maior: a disputa (ideológica e cultural) pela hegemonia. Em síntese, hegemonia, nos moldes gramscianos, seria "a obtenção do consenso" (Coutinho, 1989, p. 67). A hegemonia não seria "somente o nível articulado superior da 'ideologia', nem são as suas formas de controle apenas vistas habitualmente como 'manipulação' ou 'doutrinação'" (Williams, 1979, p. 113), mas sim "todo um conjunto de práticas e distribuições de energias, nossa percepção de nós mesmos e nosso mundo. É um sistema vívido de significados e valores – constitutivo e constituidor – que, experimentados como práticas, parecem confirmar-se reciprocamente" (Williams, 1979, p. 113). Dessa forma,

---

[28] Para Gramsci, os aparelhos privados de hegemonia seriam os organismos da sociedade civil moderna. Haveria uma autonomia material da sociedade civil, mesmo dentro das sociedades capitalistas modernas (Coutinho, 1989). Há outra importante distinção em Gramsci: a sociedade política seria formada pelos aparelhos de coerção estatal, enquanto a sociedade civil compreenderia "o sistema escolar, a Igreja, os partidos políticos, as organizações profissionais, os sindicatos, os meios de comunicação, as instituições de caráter científico e artístico, etc. [...] Na sociedade civil, as classes procuram ganhar aliados para seus projetos [suas ideologias, suas concepções de mundo] através da direção e do consenso. Já na sociedade política, as classes impõem uma dominação fundada na coerção" (Moraes, 2010, p. 57). Em sentido amplo, conforme sintetiza o autor, sociedade civil + sociedade política é = o Estado.

> A construção da hegemonia na contemporaneidade cada vez mais se baseia em disputas ideológicas e culturais que influenciam e condicionam o imaginário social, a opinião pública, os sentidos de compreensão da realidade e as decisões eleitorais. A conquista do consenso em torno de determinadas visões de mundo torna-se alvo central da batalha de ideias, travadas entre classes, frações de classes, instituições, grupos e organismos representativos de múltiplos interesses no interior da sociedade civil. [...] Na perspectiva de Gramsci, o conceito de hegemonia caracteriza a liderança ideológica e cultural de uma classe sobre as outras. A hegemonia é obtida e consolidada em disputas que comportam não apenas questões vinculadas à estrutura econômica e à organização política, como também no plano ético-cultural, a expressão de saberes, práticas, modos de representação e modelos de autoridade que querem legitimar-se e universalizar-se (Moraes, 2016, p. 15-16).

Assim, o pensamento gramsciano aborda a hegemonia por meio do consenso, sobretudo cultural, uma vez que a coerção por intermédio da força bruta já não seria necessária para determinada classe social dispor da hegemonia, posto que o consenso, ou o entendimento coletivo sobre a realidade social, moldado pelos quereres dessa classe dominante, não é contestado, mas compartilhado (Gramsci, 2000a, 2000b; Foucault, 1979, 1987), ademais, convergem quando se trata da forma por meio das quais as Instituições dominam e domesticam os corpos, e, consequentemente, as mentes, por meio de técnicas de disciplina para torná-los passivos de forma a não contestarem tais ideologias, ou seja, tais percepções da realidade, ou sequer vislumbrarem tal dinâmica. Nesse sentido, a luta pelo âmbito cultural seria em um campo de batalha onde nenhum — ou quase nenhum — sangue é derramado. Trata-se de batalhas narrativas em busca do troféu da hegemonia, uma vez que "a supremacia de um grupo social se manifesta de dois modos, como 'domínio' e como 'direção intelectual e moral'" (Gramsci, 2002, p. 62). Dessa forma, compreendemos o porquê de

> Em quase todos os países europeus e nos Estados Unidos no fim do século XIX foram-se acentuando as pesquisas para a produção de imagens em movimento. É a grande época da burguesia triunfante; ela está transformando a produção, as relações de trabalho, a sociedade, com a Revolução Industrial; ela está impondo seu domínio sobre o mundo ocidental, colonizando uma imensa parte do mundo que posteriormente viria a chamar-se Terceiro Mundo. [...] No

> bojo de sua euforia dominadora, a burguesia desenvolve mil e uma máquinas e técnicas que não só facilitarão seu processo de dominação, a acumulação de capital, como criarão um universo cultural à sua imagem. Um universo cultural que expressará o seu triunfo e que ela imporá às sociedades, num processo de dominação cultural, ideológico, estético (Bernardet, 2017, s/p).

É nesse sentido que a batalha pela hegemonia, ou seja, a batalha pela liderança ideológica, pela legitimação das formações discursivas, pela regência das representações que irão fixar os sentidos das coisas, pela produção do consenso, atravessa o campo da cultura. Como aponta Dênis de Moraes (2016, p. 19), "a hegemonia insere-se no quadro da atividade cultural, moral e intelectual, que se desdobra em experiências e práticas ativas de produção de sentido, argumentação e persuasão". O âmbito cultural, por conseguinte,

> [...] não aparece como um sistema fechado de significados, mas imerso em práticas de conflito que acabam por configurar a possibilidade de uma pluralidade de significações, submetendo-se também a dinâmicas de poder que se constituem continuamente. Na medida em que as relações entre política e cultura são tomadas como instâncias possivelmente instáveis, fundamentalmente, os significados sociais se submetem a variados tipos de interpretação, o que pode acarretar tanto uma estrutura consistente quanto a instabilidade política de um sistema. [...] Não sendo exclusivamente determinadas por condições socioeconômicas, as representações são constituídas por dispositivos de conhecimento que têm pretensões de autonomia e verdade, sistematizando um imaginário hegemônico que alcança em determinadas situações uma ordem consensual. Contudo, dado o caráter complexo da cultura, é essa mesma relação com o campo político que, de forma ambivalente, permite resistências e questionamentos dos discursos. Já que a cultura não se apresenta como algo dado ou reflexo de uma essência estruturada, ela pode ser também desafiada, sinalizando, dependendo de certas condições, abertura política pronta para ser mobilizada pelos agentes (Carvalho, 2010, p. 43-44).

Observar, como fez Edward Said (2006), a relação que existe na dialética "entre o texto individual ou o escritor e a complexa formação coletiva para a qual sua obra contribui" (Said, 2006, p. 54), é uma das formas de observar como o estudo de produtos culturais — no caso do autor, por meio de produtos culturais literários — é capaz de reconhecer as forças por trás da produção de sentido, ou os dispositivos legitimadores de determinadas representações da realidade que produzem deliberadamente conhecimentos com pretensões a-históricas e, dessa forma, manipulam, intencionalmente ou não, o imaginário coletivo de uma ou mais culturas.

Said foi um exemplo do que Gramsci (1982) chamou de intelectual orgânico. Forjado dentro de determinada classe social, o intelectual orgânico é um fruto da mesma, tendo obtido esclarecimento sobre as práticas sociais de seu entorno e o privilégio de dispor de tempo de atividades críticas intelectuais, esse indivíduo torna-se político ao não somente observar os condicionamentos que estão impostos sobre seus iguais, mas ao promover conscientização sobre tais condicionamentos, sobretudo para os seus iguais. Se o grande problema com o pensamento hegemônico é que o mesmo adquiri tanta força que acaba solidificando as relações de poder, Gramsci vê nos intelectuais orgânicos, naqueles que podem ajudar os seus iguais a subverter as relações de poder, possibilitando mudanças na hegemonia, no status quo, um potencial de emancipação[29]. E essas mudanças poderiam ser pensadas justamente nos campos onde o pensamento hegemônico tem mais influência: os campos da cultura e da educação.

Diferentes aparelhos podem ser utilizados para a legitimação de visões particulares de mundo, porém os meios de comunicação em massa apresentariam um valor significativo para tal devido ao "seu alcance massivo, a capacidade persuasiva e a interferência desmedida na conformação do imaginário coletivo" (Moraes, 2016, p. 20). Os mecanismos de identificação acionados pelos meios de comunicação em massa teriam sucesso devido ao compartilhamento desses consensos culturais, onde, dentro desse quadro de identificação, significados podem ser construídos ou desconstruídos de formas subjetivas (Shapiro, 1984).

---

[29] Essa primeira caracterização do intelectual orgânico é proposta por Gramsci (1982). Mas podemos pensar dentro dessa mesma categoria, por exemplo, o rapper que compõe e canta sobre a sua realidade e faz com que a essa realidade social, que molda seus costumes e normas e que, como vimos, condiciona suas escolhas de vida, chegue até indivíduos imersos em outras realidades sociais, que até então as desconheciam ou mesmo as ignoravam. Dessa forma, os bens culturais alargam o espaço do debate político, que deixa de estar restrito às torres de marfim da academia ou aos salões das instituições governamentais, permitindo a participação de um público maior que tradicionalmente se via excluído. Uma parte deste trabalho consiste em compreender que ler o que Edward Said teorizou e ouvir o que Mano Brown tem a dizer possui o mesmo peso quando estamos nos referindo ao campo de batalha contra-hegemônico cultural.

CULTURA POPULAR, ESTÉTICA E SEGURANÇA NACIONAL:
A CONSTRUÇÃO DE AMEAÇAS E INIMIGOS NA SÉRIE HOMELAND (2010-2018)

Para Hall (2016), esses espaços seriam espaços de disputa de sentido, uma vez que o que é exibido, sobretudo o que é constantemente exibido, "nos ajudam a entender como funciona o mundo em que vivemos, como essas imagens apresentam realidades, valores, identidades, e o que podem acarretar, isto é, quem ganha e quem perde com elas, quem ascende, quem descende, quem é incluído e quem é excluído" (Hall, 2016, p. 10), visto que esses aparatos, em geral, reproduzem a ideologia dominante. Isso porque "a mídia produz amplos efeitos na sociedade, relacionados a um determinado tipo de poder que se exerce no processo de administração da visibilidade pública midiático-imagética. Com isso, sua crítica o leva à busca pela emancipação, por meio do questionamento da imagem" (Hall, 2016, p. 11).

Seria necessário, portanto, tornar explícito o que está implícito nos discursos por meio de uma análise crítica. "Crítica não no sentido de partir de um ideal de verdade e de conhecimento, mas enquanto método capaz de explicitar os elementos implícitos em um saber e de examinar seus efeitos e consequências, implicações e aplicações práticas" (Marcondes, 2007, p. 277). O que seria, por fim, o objetivo geral desta subseção; mostrar que existiriam discursos dominantes, moldados por determinadas ideologias e sedimentados ao longo de muito tempo dentro de uma mesma cultura que acabam se passando pela realidade do mundo. No entanto, é justamente nos caminhos que tais discursos são sedimentados, como o da cultura, que poderíamos evidenciá-los.

Dessa forma, como visto nesta subseção, a relação entre discurso e ideologia pode levar à produção de uma ideologia cultural, compreendida como a hegemonia de uma determinada percepção de mundo que pode subjugar e invalidar outras percepções de mundo existentes; mas também observamos a possibilidade de, por intermédio de um pensamento crítico, expor tais dinâmicas. A relação entre discurso e ideologia será relevante para as duas próximas subseções deste trabalho, que irão explorar, dentro do âmbito da segurança, especificamente a partir dos ECS e da virada estética nas RI, como essa dinâmica de busca pela hegemonia ideológica e cultural, mesmo dentro de um campo científico, no contexto da área de RI que pertence às Ciências Sociais, pode influenciar práticas de segurança.

1.2 Segurança

Embora nem todo conhecimento seja socialmente construído, conhecimentos são socialmente construídos, sobretudo quando nos referimos à área das Ciências Sociais e Humanas. Isso significa que não seria possível compreender todos os fenômenos que constituem um problema de segurança a partir de apenas uma ótica. Assim, como veremos nas próximas subseções, os estudos de segurança beneficiam-se mais de perspectivas interdisciplinares, que prezam os âmbitos objetivos da mesma forma que prezam os âmbitos subjetivos para a compreensão de um fenômeno, do que de perspectivas restritas a conceitos obsoletos apresentados como universais.

As contribuições epistemológicas, metodológicas e ontológicas que a interdisciplinaridade trouxe para o campo das RI irão nos permitir compreender de que forma as representações da realidade socialmente construída podem influenciar as percepções individuais e coletivas do âmbito da segurança. Observaremos tal fenômeno a partir da chamada virada estética nas RI, que possibilitou que meios subjetivos de conhecimento, como produções visuais e sonoras, também pudessem ser utilizados como materiais para uma compreensão multidisciplinar e crítica da segurança.

1.2.1 Estudos críticos de segurança

Nesta subseção, pretendemos, primeiro, esclarecer a relevância do rompimento com uma epistemologia positivista para a sustentação dos argumentos já trabalhados e dos que ainda serão. Foi esse rompimento que proporcionou os avanços mais modernos nos âmbitos teóricos que abordamos até então, como os estudos da linguagem, da cultura e do discurso, permitindo compreender as áreas da linguística, da cultura e do comportamento da forma como compreendemos aqui, e que nos possibilitará assimilar de que forma esses campos irão se relacionar com o âmbito dos estudos de segurança, também afetado posteriormente pela ruptura com a epistemologia positivista. Dessa forma, teremos uma sustentação teórica para compreender, em seguida, o marco teórico principal deste trabalho: a segurança e suas perspectivas críticas, como a virada estética nas RI. Mais especificamente, o que são os ECS[30], em qual contexto

---

[30] Aqui, precisamos deixar explícito que a expressão *estudos críticos de segurança* (ECS) usada neste trabalho, do inglês *critical security studies* (css, em minúsculo), será utilizado para nos referirmos às perspectivas críticas

CULTURA POPULAR, ESTÉTICA E SEGURANÇA NACIONAL:
A CONSTRUÇÃO DE AMEAÇAS E INIMIGOS NA SÉRIE HOMELAND (2010-2018)

histórico eles surgiram, quais foram as contribuições que esses estudos oferecem, e, por fim, afinal, de que forma os ECS se relacionariam com o âmbito da cultura.

Para esse fim, reconhecemos a importância, mas não pretendemos nos debruçar sobre o complexo aprofundamento teórico e filosófico da Teoria Crítica[31]. Consideramos, no entanto, que dois pilares para a compreensão da revolução empírica que leva ao surgimento da Teoria Crítica nos ajudam a compreender as limitações da epistemologia positivista, que vai incitar o surgimento e relevância desse movimento crítico nas Ciências Sociais, assim como, décadas depois, nos campos das RI e dos estudos de segurança. São eles o fato de que significados e definições estão submissos às suas posições nos processos históricos dos quais fazem parte (Walker, 2013), assim como a consciência de que a estrutura utilizada para articular significados e definições requer o uso de alguma linguagem, todavia, "qualquer formulação linguística particular dela só pode ser, na melhor das hipóteses, aproximada" (Geuss, 2008, p. 160). Ambas as premissas foram discutidas neste trabalho, mas podemos entendê-las com maior aprofundamento ao compreender a crítica acerca da insuficiência explicativa da epistemologia positivista aplicada às Ciências Sociais. Uma epistemologia positivista

> [...] envolve: a) "um compromisso com uma visão unificada de ciência e a adoção de metodologias das ciências naturais para explicar o mundo social"; b) "a visão de que há uma distinção entre fatos e valores e, além disso, de que 'fatos' são neutros à teoria"; c) "uma forte crença na existência de regularidades no mundo social assim como no natural. Isso, obviamente, abarca as formas 'dedutiva-nomológica' e 'estatítica-indutiva' de cobrir a explicação por leis"; e d)

---

dos estudos de segurança que "encorajam um foco na natureza socialmente construída da segurança e em uma série de questões fundamentais como: 'A segurança do que ou de quem é (ou deveria ser) priorizada?', 'Quais são as principais ameaças à segurança, e como elas são identificadas?', 'De onde vêm os discursos de segurança?' e 'A quais interesses eles servem?'", como apontaram Browning e McDonald (2011, p. 238), não nos restringindo ao termo *Critical Security Studies* (CSS, em maiúsculo), cunhado pelos pesquisadores da Escola de Aberystwyth (também conhecida como Escola Galesa), como Ken Booth (1991), que empregavam tal termo ao se referirem a uma abordagem crítica de segurança restrita à questão da emancipação e não necessariamente pós-positivista. Como também empregado por Krause e Williams (1998), o termo *crítico* utilizado nesses estudos do campo da segurança é mais atrelado a um guarda-chuva que abriga posições teóricas que não podem ser consideradas neoliberais ou neorrealistas, ou seja, não positivistas, do que de fato tem uma relação direta com a Teoria Crítica e restritamente com a questão da emancipação quando estamos nos referindo aos ECS neste trabalho.

[31] Para tal aprofundamento, ver Rush (2008).

"uma grande confiança de que seja a validação ou falsificação empírica a marca da investigação 'real'" (Adler, 1999, p. 204)[32].

Nesse sentido, o positivismo seria uma epistemologia limitada para as Ciências Sociais devido a distintos fatores que ignorava em seus postulados. Como discutimos na introdução deste trabalho, primeiro, teorias sociais não poderiam ter como objetivo compreender a realidade como ela é, pois não haveria formas de alcançar verdades absolutas, universais e atemporais acerca da realidade social, que seria complexa e envolveria âmbitos subjetivos, interpretativos, dos quais jamais conseguiríamos extrair consensos absolutos. Segundo, o observador da realidade social não poderia ser um agente neutro. Seja pelas limitações histórico-temporais e geográficas, ou seja, devido ao sistema de linguagem ao qual o observador é submetido, nenhum agente poderia retratar significados e definições da realidade social como ela realmente é sem que seu próprio papel de observador influenciasse o resultado[33] — por isso não caberia ao agente prever ações nos âmbitos sociais, mas sim interpretá-las (Rush, 2008; Berger; Luckmann, 2014). E, terceiro, também foi suscitado que o aparente "descompromisso político do positivismo e a [sua] neutralidade ética" (Rush, 2008, p. 51) acabam legitimando o status quo ao não questionarem a influência da historicidade nos dados e resultados de suas pesquisas sociais.

A realidade social, portanto, seria demasiadamente complexa para ser explicada por intermédio de epistemologias que a tratam a partir de representações puramente objetivas, cujo conhecimento seria acumulativo e atemporal. Não por acaso, essa premissa corrobora com o que este trabalho discutiu acerca de linguagem, produção de sentido, cultura, formações discursivas, ideologia e representações. "O 'significado' ou 'definição' de qualquer termo nada mais é do que sua posição em tal processo idealizado, e o processo é demasiadamente cheio de singularidades

---

[32] A citação em português extraída de Adler (1999), que por sua vez a adaptou de Smith (1996, p. 11-16).

[33] Como observa Rush (2008, p. 41), "A 'impregnação teórica dos dados' pode significar simplesmente que o entendimento do significado de uma palavra requer seu entendimento no contexto do seu uso teórico. E a tese de que a observação é teoricamente impregnada não precisa significar que a consciência perceptiva é conceitualmente articulada. Pode-se sustentar que a observação é mais do que mera percepção, envolvendo a extração de informações para julgamento posterior. Mas os epistemólogos têm algumas vezes achado difícil demarcar uma linha entre aquilo que é e aquilo que não é condicionado pelas capacidades de juízo. [...] A discursividade penetraria, então, na base da experiência e toda percepção envolveria a percepção 'de acordo com'. Esse é o fundamento para a tese forte de que aquilo que alguém vê é afetado por suas crenças teóricas, isto é, de que pessoas com crenças distintas podem ver coisas distintas".

CULTURA POPULAR, ESTÉTICA E SEGURANÇA NACIONAL:
A CONSTRUÇÃO DE AMEAÇAS E INIMIGOS NA SÉRIE HOMELAND (2010-2018)

[...] para ser possível resumi-lo de uma maneira que permitiria reter sua essência filosófica" (Geuss, 2008, p. 160). Assim, poderíamos apenas extrair conhecimento acerca da realidade social a partir do reconhecimento das forças que moldam as práticas, inclusive as do agente observador. Uma epistemologia pós-positivista, desse modo,

> [...] se refere a uma série de abordagens, [...] que rejeitam a ideia de que é possível analisar o mundo natural e social da mesma maneira. Essas abordagens enfatizam o ponto de que as alegações sobre a verdade nunca podem ser fundamentadas; não há visão objetiva de lugar nenhum, fora da história e da política, a partir da qual possamos tomar uma posição neutra (Peoples; Vaughan-Williams, 2010, p. 4).

Quando a efetividade do positivismo para o âmbito das Ciências Sociais começa a ser questionada, suas falhas práticas se revelam. A racionalidade do positivismo, a desconsideração dos âmbitos subjetivos e o desmerecimento das consequências de tais âmbitos para a realidade social, legitimados pelos próprios pressupostos científicos e acadêmicos da época para o campo das Ciências Sociais, teriam sedimentado uma forma de inércia coletiva na sociedade[34]. Para Silva (2005, p. 252), "a racionalidade instrumental da ciência moderna distanciou-se da busca pela emancipação, passando a prezar a subjugação da natureza pelo homem: conhecer para prever, prever para controlar. Essa contradição precisava ser esclarecida". Por isso,

> [...] para teóricos críticos, fatos são produtos de estruturas sociais e históricas específicas. A percepção de que teorias estão fixadas nessas estruturas permite que os teóricos críticos reflitam sobre os interesses atendidos por uma teoria particular (Silva, 2005, p. 253-254).

Por algum tempo a influência dos estudos críticos, assim como de outras disciplinas, como os estudos da linguagem, da cultura e do discurso,

---

[34] Adorno e Horkheimer (2014, s/p) vão discutir, em *O Esclarecimento como Mistificação das Massas*, que "a racionalidade técnica hoje [nos anos de 1930] é a racionalidade da própria dominação. Os automóveis, as bombas e o cinema mantêm coeso o todo [...]", uma vez que os indivíduos já estariam tão imersos naquela hegemonia cultural que, mesmo vivenciando os imbróglios da sociedade europeia dos anos pré-Segunda Grande Guerra, seus corpos dóceis, domesticados pelo *hard power* e, sobretudo, pelo *soft power*, já nem mais questionavam a realidade ao seu redor, apenas a aceitavam. Para os autores, "se, antes de sua racionalização, a palavra permitirá não só a nostalgia mas também a mentira, a palavra racionalizada transformou-se em uma camisa de força para a nostalgia, muito mais do que para mentira. A cegueira e o mutismo dos factos a que o positivismo reduziu o mundo estendem-se à própria linguagem, que se limita ao registro desses dados" (Adorno; Horkheimer, 2014, s/p).

não colidiram com o campo das RI[35], cujas teorias mais tradicionais[36] estavam imersas na epistemologia positivista. No entanto, sobretudo durante os anos de 1980, munidos por esses novos conhecimentos, alguns autores acenderam faíscas que iriam se transformar em um fogo renovador para a disciplina. Temos o trabalho de Robert Cox (1986, 1987), inspirado pela perspectiva materialista histórica de Gramsci, que trouxe para o campo das RI a questão da interação entre poder e hegemonia, assim como, junto à sua célebre frase de que "a teoria é sempre *para* alguém e *para* algum propósito" (Cox, 1986, p. 207, grifos do autor), que apresentou sua reflexão acerca de não haver caráter neutro na produção de conhecimento e do discurso, como se acreditava na área, e distinguiu duas formas de se teorizar em RI: por meio da busca pela solução de problemas ou por meio do pensamento crítico. Podemos dar a mesma relevância para Nicholas Onuf (1989) que, influenciado pelo pensamento foucaultiano a respeito do discurso, da produção de conhecimento e de poder, buscou provocar no campo das RI uma discussão a respeito da construção social da área a partir dos discursos, que estruturam os saberes e, a partir desses, formam normas, regras, leis e comportamentos. Assim como o trabalho de Yosef Lapid (1989), que ressaltou os potenciais da epistemologia pós-positivista aplicada às RI, desafiando os pressupostos positivistas das teorias tradicionais da área, fortemente influenciadas pelo realismo político[37].

---

[35] Aqui, elucidamos que, como observou Lacerda (2006, p. 57), "quando falamos em relações internacionais fazemos referência geralmente às relações que se estabelecem entre as unidades políticas que são os estados nacionais, ou seja, falamos de política entre as nações ou simplesmente política internacional (incluindo-se aí as duas faces da atuação política, em nível internacional: a diplomacia e as questões militar-estratégicas). Contudo é evidente que as relações que os países mantêm entre si ultrapassam em muito meramente as políticas, ainda que sejam mais ou menos afetadas por elas. As relações econômicas, jurídicas, geográficas, linguísticas, históricas, religiosas, ambientais — todas elas têm sua 'autonomia', isto é, sua dinâmica própria e não são redutíveis à política internacional. Ainda assim, ocorre de serem subentendidas ou desconsideradas no uso ordinário da expressão 'RI'. Portanto, há a necessidade de precisarmos seu uso: em princípio, honraremos a utilização mais ou menos consagrada da expressão, tomando como sinônimas as duas, relações internacionais e política internacional".

[36] Como a afirmação de Peoples e Vaughan-Williams (2010, p. 4), também nos posicionamos em um espectro onde compreendemos teorias tradicionais como uma "abreviação, mais comumente usada por escritores ou simpatizantes de estudos críticos de segurança, que se refere às perspectivas Realista, Liberal, dos Estudos da Paz e dos Estudos Estratégicos, no estudo da segurança, que priorizam o Estado como objeto de referência da segurança, e focam nas questões militares para lidar com as ameaças à segurança do Estado (às vezes também conhecida como uma abordagem 'estadocêntrica')".

[37] Para uma compreensão mais aprofundada acerca do realismo político, ver Keohane e Nye (1973), Waltz (1979), Carr (1981), Morgenthau (1985) e Aron (1986). Uma breve condensação de seu conceito, no entanto, é apresentada por Peoples e Vaughan-Williams (2010, p. 4) ao dizerem que realismo político é geralmente um termo utilizado para se referir às abordagens que enfatizam "o Estado como o objeto principal da segurança, e a guerra como a maior ameaça à segurança [do Estado]".

No momento que essas concepções renovadoras chegam ao campo das RI, consequentemente, teóricos dos estudos de segurança, área até então tradicionalmente voltada para as questões militares e historicamente hostil ao tratar de revisões acerca de seus postulados epistemológicos, metodológicos e ontológicos, começaram inevitavelmente um processo de revisão de seus principais conceitos (Booth, 1979, 1991; Krause; Williams, 1996, 1997, 1998; Wyn Jones, 1999). O fator determinante para que essa revisão epistemológica pudesse sensibilizar a até então restrita área das *high politics*[38] que abrigava os estudos sobre segurança foi o fim da Guerra Fria. Seu término não conseguiu ser previsto nem explicado pelas teorias tradicionais. E o começo da década de 1990 apresentava outros imbróglios que também não eram contemplados pelas teorias tradicionais:

> [...] um aumento na complexidade da interdependência, uma erosão da soberania, incríveis avanços na comunicação, o declínio da necessidade do uso da força, a degradação da natureza, um grande aumento populacional, a internacionalização da economia mundial, a expansão de estilos de vida globais, uma constante inovação tecnológica, a disseminação de armamentos modernos, o crescente campo fértil para [a incidência de] atores não-estatais, entre outros (Booth, 1991, p. 314).

No entanto, apesar das mudanças de atores e regras citados anteriormente, ainda que um mundo pós-Guerra Fria apresentasse novas movimentações securitárias, como blocos regionais com interesses de proteção mútua assegurada ou como a expansão da comunicação global, as teorias tradicionais de RI, e, consequentemente, os estudos de segurança, ainda eram influenciados pelas tradições sedimentadas de uma ordem que não contemplava esse novo âmbito internacional. Walker (2013) argumenta que tal posição é consequência das filosofias da História que arraigaram conceitos e ideias criados em uma era diferente. Essas filosofias traduziriam contextos específicos da história, moldados pelo *estado da arte* de suas épocas, fixos em suas temporalidades, mas ditos universais, frutos de uma epistemologia positivista, que carregavam o argumento de que o conhecimento produzido seria atemporal, universal e acumulativo. Todavia, frente a essa nova conjuntura, essas teorias apresentavam níveis progressivos de esgotamentos interpretativos e explicativos.

---

[38] Termo frequentemente utilizado para se referir às áreas consideradas mais estratégicas para a sobrevivência do Estado. Reconhecemos, no entanto, que este é, justamente, um termo atrelado a uma percepção positivista da política, que identifica o Estado como o ator final das preocupações acerca da segurança.

É no momento em que esse esgotamento explicativo das teorias tradicionais das RI a respeito das novas dimensões securitárias pós-Guerra Fria é percebido que as novas percepções, advindas da Teoria Crítica, da Linguística, dos Estudos Culturais, dentre outras diversas áreas do conhecimento, passam a proporcionar debates a respeito dos conceitos basilares do campo. Seriam esses conceitos simples representações do objeto observado, ou teriam eles sido forjados por uma série de escolhas políticas e epistemológicas para defini-los? (Krause; Williams, 1996). Ao utilizarmos uma lupa crítica, a segunda afirmação seria a correta. Eles teriam sido forjados por meio de representações discursivas, fixas em suas temporalidades, mas que determinariam os interesses ontológicos do *estado da arte* que moldaram teorias tradicionais[39].

Como Krause e Williams (1996, p. 238) explicam, o que estava sendo revisto não eram "crenças e intenções individuais, mas estruturas coletivas de significados – entendimentos compartilhados sobre a natureza da guerra, os objetivos da política externa, o potencial das tecnologias militares existentes e os limites das possibilidades políticas e institucionais". É nesse sentido que os autores apresentaram três pressupostos que, para além de sumarizar o que vimos até então nesta subseção e sintetizar o âmago dos ECS, evidenciam as diferenças essenciais entre os ECS e as teorias tradicionais de segurança. Seriam eles os fatos de que

> 1. Nosso conhecimento sobre os assuntos, estruturas e práticas da política mundial não é "objetivo" (no sentido materialista do neorrealismo) porque não existe nenhum mundo diretamente objetivo separado de sua construção coletiva por observadores ou atores.
>
> 2. Os métodos interpretativos que examinam os entendimentos práticos dos atores sobre a organização (e as possibilidades de mudança) de seu mundo social são centrais para fazer pesquisa.
>
> 3. O *propósito* da teoria não é buscar previsões dentro do contexto de afirmações causais determinantes, trans-históricas e generalizáveis, mas sim a compreensão contextual e o conhecimento prático (Krause; Williams, 1996, p. 243, grifo dos autores).

---

[39] Isso porque grupos, classes ou sociedades estariam interessados na manutenção desse modelo dominante de pensamento, que foi sedimentando como conhecimento legítimo (Walker, 2013) por meio de processos como a repetição de atos discursivos que carregam consigo modelos de pensamentos ideológicos que criariam consensos.

Logo, as perspectivas críticas estariam constantemente revisando não apenas o que é a segurança em si, mas quais seriam os objetos, os objetivos e as principais ameaças e inimigos para a segurança (Peoples; Vaughan-Williams, 2010). Por isso não há um consenso acerca da definição de segurança para esses teóricos, diferentemente das teorias tradicionais, derivadas do realismo político, que tinham o Estado como o ator final da segurança e, assim, suas definições de segurança circundavam o mesmo. Mas durante esse processo crítico de revisão, esse consenso foi intensamente questionado[40], e em praticamente todas as perspectivas críticas de segurança uma específica movimentação foi vista; ou o Estado perdia o seu protagonismo como objeto final da segurança para os indivíduos ou passava a dividi-lo com os mesmos.

Se para as teorias tradicionais, "a segurança é compreendida estritamente em termos de sobrevivência estatal" (Peoples; Vaughan-Williams, 2010, p. 4), as mesmas não compreendiam essas novas dimensões justamente por terem no Estado o seu principal objeto, o que delimitava como prioritários os assuntos que atingiam a esfera nacional diretamente, vista como lugar de ordem, e subestimava a esfera internacional, historicamente considerada como anárquica pela tradição do realismo político. Esse movimento criou barreiras para lidar com a insurgência de questões transnacionais, como os blocos regionais com interesses de proteção mútua assegurada e a expansão da comunicação global, bem como com questões de migração e de economia globalizada (Walker, 2013). Por tal, "o foco neorrealista em salvaguardar os 'valores centrais' de um Estado de ameaças militares que emanam de fora de suas fronteiras não é mais adequado (se é que já foi) como meio de entender o que (ou quem) deve ser protegido, de quais ameaças e por quais meios" (Krause; Williams, 1996, p. 230).

Das abordagens que inseriram o conceito de emancipação advindo da Teoria Crítica no debate de segurança, como forma de libertar os indivíduos e grupos das restrições que os impedem de escolher de forma livre o que eles realmente querem, mas que ainda insistiram em universalizar conceitos, como a de Booth (1991); passando pelas abordagens que não excluíram a relevância do Estado como objeto da segurança, mas adicionaram variáveis ao processo, como as dimensões ambiental e da segurança social, e reiteraram a relevância dos atos de fala, ou do discurso,

---

[40] Com, inclusive, em diversos trabalhos, o próprio Estado sendo apontado como uma fonte de insegurança para os indivíduos, como o de Hansen (2018).

na construção social da segurança, como os trabalhos de Buzan (1991, 1993) e Waever (1993); relevando as abordagens construtivistas que não necessariamente desenvolveram uma crítica ao realismo político, como a de Wendt (1999); chegando à abordagem da segurança humana, que trouxe para o debate os primeiros rascunhos oficiais do que se tornariam políticas públicas de uma segurança com foco no indivíduo, por meio do Pnud (1994)[41], mas que ainda refletia práticas ocidentais de segurança; apesar das lacunas que apresentavam ou das críticas que receberam, essas perspectivas críticas destacaram, de forma direta ou indireta, tanto o indivíduo quanto os âmbitos subjetivos como relevantes para os estudos de segurança. Esses movimentos foram impulsionados por dois passos analíticos que marcaram os ECS.

> O primeiro é o que se convencionou chamar aprofunda-mento (*deepening*). Essencialmente, aprofundamento significa explorar as implicações da ideia que as atitudes e comportamentos vis-à-vis segurança são derivados de teorias sobre a natureza da política internacional, nos auxiliando a compreender as disputas subjacentes aos conceitos acadêmicos e às agendas políticas. O segundo movimento analítico é o alargamento (*broadening*), que envolve expandir a agenda dos estudos de segurança para além do escopo estatista e militar (Gomes, 2017, p. 179).

Dessa forma, os ECS, em suas diversas vertentes, por meio de suas revisões críticas, aprofundaram e alargaram os âmbitos do que se considerava segurança, ameaças e seus atores[42]. É relevante pontuar, no entanto, como Browning e McDonald (2011, p. 235) fizeram, que o projeto dos ECS possuía três pontos centrais: primeiro, "uma crítica fundamental das abordagens tradicionais (realistas) de segurança"; segundo, "uma preocupação com a política de segurança – a questão do que segurança faz politicamente"; terceiro, uma preocupação "com a ética da segurança – a questão de como são as práticas progressistas em relação à segurança". No entanto, como enfatizam os autores, os ECS ainda careceriam de um aprofundamento maior acerca dos dois últimos pontos: as questões acerca da política e da ética da segurança. Enquanto a dimensão crítica dos ECS forneceria, de fato, críticas fundamentadas.

---

[41] O *Relatório de Desenvolvimento Humano 1994: novas dimensões da segurança humana* (1994), do Programa das Nações Unidas Para o Desenvolvimento (Pnud), insere no debate sete setores que seriam diretamente ligados à segurança. Sendo eles os setores econômico, pessoal, comunitário, alimentar, ambiental, político e da saúde.

[42] Para uma compreensão mais abrangente de diferentes perspectivas críticas de segurança que surgiram desde o começo desse alargamento e aprofundamento no tema, ver Peoples e Vaughan-Williams (2010).

CULTURA POPULAR, ESTÉTICA E SEGURANÇA NACIONAL:
A CONSTRUÇÃO DE AMEAÇAS E INIMIGOS NA SÉRIE HOMELAND (2010-2018)

> Browning e McDonald (2011) questionam a ausência de discussões em ambas as linhagens sobre a política da segurança e a ética da segurança. Sobre o primeiro ponto, a ideia é verificar o interesse dos estudos críticos pelas formas como representações de segurança são capazes de definir identidade de grupos e, por conseguinte, habilitar determinadas políticas e legitimar certos atores como provedores de segurança. Em relação ao segundo ponto, trata-se de verificar como ambos conjuntos teóricos discutem o que seriam práticas consideradas progressistas vis-à-vis segurança, implicando tentativas de definir a natureza e a dinâmica do processo (Gomes, 2017, p. 186).

Assim, este trabalho reconhece a dimensão crítica, ao elucidar as insuficiências interpretativas e explicativas das teorias tradicionais de RI, por serem baseadas em uma epistemologia positivista, e corroborar com as perspectivas críticas de segurança que compreendem os indivíduos como atores finais da segurança, assim como com a dimensão subjetiva que o pós-positivismo valida como âmbito legítimo de produção de conhecimento. Concomitantemente, reconhece a dimensão das práticas progressistas dos ECS, sobretudo quando nos referimos aos intelectuais orgânicos (Gramsci, 1982) dentro das perspectivas críticas, que discutem o engajamento em questões práticas. Para além da pesquisa, esses teóricos seriam engajados no ensino e na prática, encontrando na vida cotidiana "maneiras que revelam as circulações mais profundas do poder do *status quo* e, simultaneamente, apontam para possibilidades transformadoras" (Mutimer; Grayson; Beier, 2013, p. 4)[43].

É, no entanto, na dimensão que Browning e McDonald (2011) compreenderam como política que o cerne deste trabalho se encontra. Um âmbito cujo "a ideia é verificar formas como representações de segurança são capazes de definir identidade de grupos e, por conseguinte, habilitar determinadas políticas e legitimar certos atores como provedores de segurança" (Gomes, 2017, p. 186). Compreendemos, portanto, que os objetos e atores da segurança, ou seja, as razões finais das práticas de

---

[43] O trabalho de Schick (2016), a título de exemplo, propõe uma pedagogia crítica que diminuiria as barreiras impostas pela ignorância e indiferença, conscientes ou inconscientes, trabalhando com uma abordagem que promoveria o desconforto. Steele (2017) aponta que tal pedagogia poderia ser promovida através da exposição dos alunos às obras de pensadores pós-coloniais e não ocidentais, especialmente diferente da realidade desses alunos, a título de exemplo. Para Schick (2016), ao promover um desconforto causado pela apresentação de perspectivas e realidades diferentes, esses alunos estariam mais propensos a compreender diferentes vulnerabilidades, ambiguidades e incertezas, o que promoveria um pensamento crítico contra a ignorância e a indiferença.

segurança, são criados e moldados por um âmbito intermediário, que envolve de mecanismos práticos e objetivos a sistemas de práticas subjetivas, e reconhecemos que é justamente nesse âmbito intermediário que precisamos nos aprofundar.

Isso porque a forma como interpretamos o que é segurança nos levaria a relacionar o que representaria para nós a insegurança, moldando o que compreendemos como inimigos ou ameaças. Como discutimos neste trabalho, esses consensos seriam criados no interior das culturas. Por isso, a influência de outras percepções de mundo, com diferentes interpretações da realidade, poderia expandir os horizontes interpretativos acerca de diversas interpretações da realidade social; entre elas, as questões de segurança, insegurança, ameaças e inimigos. É relevante pontuar que se a realidade social é coconstruída, ela poderia ser reconstruída coletivamente com o impacto de novos horizontes antes não considerados.

As chamadas Viradas Linguística[44] e Cultural[45] que, intrinsecamente conectadas, trouxeram para o campo das RI alguns dos conhecimentos condensados na seção anterior, permitiram saltos explicativos e argumentativos para compreender os papéis da linguagem e da cultura nas práticas de segurança. Porém não conseguiríamos avançar em busca da resposta para o nosso problema de pesquisa, cujo recorte está na análise de como produtos culturais podem se relacionar com práticas de segurança, sem termos com base a chamada Virada Estética nas RI, que nos permite articular os valores dos estudos acerca de linguagem, produção de sentido, representação, cultura, discurso, ideologia e hegemonia, que vimos até então, com os estudos de segurança; especialmente quando iremos discutir produtos culturais audiovisuais.

Dessa forma, buscamos, nesta subseção, compreender por que o rompimento com uma epistemologia positivista, que se baseia em observações objetivas da realidade e tem como objetivo alcançar verdades absolutas, foi necessário quando a mesma deixou de ser, se é que um dia foi, eficiente para lidar com o âmbito das Ciências Sociais, especialmente quando seus horizontes precisavam ser expandidos. Assim, as teorias tradicionais das RI e, consequentemente, dos estudos de segurança que se baseavam em uma epistemologia positivista também passaram por um processo de revisão que expandiu, por intermédio da inserção de

---

[44] Ver Fierke (2002) e Neumann (2002).

[45] Ver Lawson (2006).

conhecimentos interdisciplinares, seus âmbitos de análise e produção de conhecimento. Para a área da segurança, isso se traduziu no nascimento dos ECS, perspectivas interdisciplinares que questionaram o status quo da área e produziram novos conhecimentos.

Com base nos saberes que a incorporação da virada linguística e da virada cultural nos estudos de RI e nos ECS forneceram, podemos compreender que as práticas de segurança seriam, também, influenciadas por meios subjetivos, como os produtos culturais. Em razão disso, a subseção seguinte deste trabalho apresentará a Virada Estética no seio desse campo, com o objetivo de compreender melhor de que forma podemos utilizar meios subjetivos como sons, discursos, imagens, representações, entre outros, que emergem de âmbitos estéticos, como as artes visuais, a música e a literatura, para estudar, também, segurança.

1.2.2 A Virada Estética

Considerando o que fora posto até então, a Virada Estética manifesta-se na área das RI preocupando-se com o papel das representações visuais e a forma como essas representações podem forjar políticas. Destarte, esta subseção se propõe a compreender o que é a Virada Estética, como surgiu, qual seria a sua relevância para os ECS e, consequentemente, para os fins deste trabalho.

Como observamos na subseção anterior, as insuficiências argumentativas e explicativas das teorias tradicionais das RI levaram os teóricos da área, e de suas áreas adjacentes, como a da segurança, a buscar em outras fontes do conhecimento bases teóricas a fim de ponderar acerca dos fenômenos ainda não compreendidos na área das RI. Uma delas é o estudo da política por meio da estética. Para Roland Bleiker (2009, p. 2), "A estética, nesse sentido, diz respeito à capacidade de recuar, refletir e ver conflitos e dilemas políticos de novas maneiras. É por isso que a estética não se refere apenas às práticas da arte – da pintura à música, à poesia, à fotografia e ao cinema – mas também, e sobretudo, ao tipo de intuições e entendimentos que elas engendraram". Dessa forma,

> As fontes estéticas podem nos oferecer *insights* alternativos sobre as relações internacionais; um tipo de compreensão reflexiva que emerge não da aplicação sistemática das habilidades técnicas de análise que prevalecem nas ciên-

cias sociais, mas do cultivo de um nível mais aberto de sensibilidade sobre o político. Podemos, então, ser capazes de apreciar o que de outra forma não podemos nem ver: perspectivas e pessoas excluídas das visões predominantes, por exemplo, ou a natureza emocional e as consequências de eventos políticos (Bleiker, 2009, p. 2).

Se para Hall (2016) a linguagem é a ferramenta que usamos para dar sentido às coisas, para produzir significados, quando as teorias tradicionais da RI excluem âmbitos subjetivos de suas análises, que incluem a linguagem e as representações a partir dela, elas voltam-se à uma representação mimética desses estudos, que "buscam representar a política de forma mais realista e autêntica possível, visando capturar a política mundial como ela realmente é" (Bleiker, 2001, p. 510). As abordagens estéticas ocorrem no sentido contrário a esse movimento. Se abordagens miméticas "não dão atenção suficiente à relação entre o representado e sua representação" (Bleiker, 2001, p. 512), as abordagens estéticas, por sua vez, "envolvem a lacuna que inevitavelmente se abre entre uma forma de representação e o objeto [...]. Em vez de construir essa lacuna como uma ameaça ao conhecimento e à estabilidade política, as abordagens estéticas aceitam sua inevitabilidade" (Bleiker, 2001, p. 512). Logo,

> Uma abordagem estética [...] pressupõe que há sempre uma lacuna entre uma forma de representação e o que é representado com ela. Em vez de ignorar ou tentar diminuir essa lacuna, como fazem as abordagens miméticas, a percepção estética reconhece que a diferença inevitável entre o representado e sua representação é a própria localização da política (Bleiker, 2001, p. 510).

Para Bleiker (2009, p. 19), foi durante a década de 1980 que essas abordagens começaram a emergir no campo das RI e seus respectivos subcampos, mas só aos poucos, com o passar dos anos, foram ganhando um aprofundamento maior. Assim, "as abordagens estéticas iniciaram um processo importante de ampliar a nossa compreensão da política mundial, para além de disciplinas acadêmicas relativamente limitadas que passaram a consolidar muitos dos problemas políticos que aparentemente procuraram abordar e resolver". A partir desse aprofundamento, "diferentes formas de percepção que emergem de fontes estéticas, como literatura, artes visuais, arquitetura, música, cinema e outros aspectos da cultura popular" (Bleiker, 2009, p. 19) começaram a ser validadas como

CULTURA POPULAR, ESTÉTICA E SEGURANÇA NACIONAL:
A CONSTRUÇÃO DE AMEAÇAS E INIMIGOS NA SÉRIE HOMELAND (2010-2018)

formas de explorar percepções distintas acerca da política mundial. A relação entre estética e segurança, especificamente, se daria em um âmbito onde percebemos que

> As imagens entram no processo político de definição de segurança de múltiplas formas: como prova de que *esta* é uma questão devemos atribuir o estatuto de segurança, como representações que são vistas como tão ofensivas que ameaçam o nosso próprio ser, e como comunicação emocional que faz da insegurança algo que os seres humanos reais vivenciam concretamente (Hansen, 2018, p. 272, grifo da autora).

Isso porque, como Bleiker (2018, p. 189) apontou, "todo aspecto da segurança, de ataques terroristas a guerras civis e controle de fronteiras, contêm dimensões visuais que, inevitavelmente, se tornam políticas". A arte pode proporcionar ao espectador uma posição passiva ou ativa sobre as representações. O trabalho de Löfflmann (2013) mostra que um filme aparentemente despretensioso com uma temática de invasão alienígena pode acabar reafirmando noções geopolíticas e militares. Isso porque, quando representado, um objeto está nutrido pelas intenções dos que estão criando tal representação e, de forma consciente ou inconsciente, contribui para a construção de significados sobre tal objeto (Hall, 2016). Um filme sobre uma invasão alienígena não estaria isolado de um imaginário coletivo que tem medo de um inimigo externo que poderia atacá-lo. Assim, o dispositivo do receio do que vem de fora, de inimigos externos, do *outro*, poderia ser ativado e corroborado através de representações, sejam elas de formas diretas ou indiretas, ativas ou passivas.

No campo oposto, de forma ativa, podemos citar o trabalho de Augusto Boal (1991) e sua metodologia do "Teatro do Oprimido"[46], que elabora uma série de exercícios e jogos com o objetivo de mobilizar o público, inserindo o espectador (que passa a ser o *espect-ator*[47]) na peça, para que o mesmo deixe de ser uma figura passiva e passe a pensar e reagir, entrando em debates e buscando alternativas às condições impostas. Essa metodologia atua no imaginário coletivo através da sua proposta de se

---

[46] Segundo Teixeira (2007, p. 89), "o Teatro do Oprimido (T.O.) é um método estético, segundo Boal, que trabalha por meio de diversas formas de artes e não apenas do teatro. Reúne exercícios, jogos e técnicas teatrais que objetivam a desmecanização física e intelectual de seus praticantes e a democratização do teatro".

[47] Enquanto o espectador apenas assiste e é passivo ao que está sendo apresentado, o *espect-ator*, como Boal (1991) vai chamar, observa e reage ao que está sendo apresentado.

adaptar à realidade daqueles que estão consumindo tais interpretações da realidade[48]. Assim, noções, representações, significados, podem ser questionados, repensados, transformados (Teixeira, 2007). Dessa forma,

> O objetivo metodológico do Teatro do Oprimido é realizar reflexões sobre as relações de poder, explorando histórias entre opressor e oprimido, onde o espectador assiste e participa da peça. [...] Com a finalidade de criar condições práticas para que o oprimido se aproprie dos meios de produzir teatro e amplie suas possibilidades de expressão, além de estabelecer uma comunicação direta, ativa e pre-positiva entre espectadores e atores (Teixeira, 2007, p. 93).

Para Steele (2017, p. 2011-2012), "a promessa ainda não realizada da virada estética está em sua capacidade de promover a colaboração de várias vozes e perspectivas por meio de textos, arte, imagens, tecnologia e música". Manifestações como o Teatro do Oprimido oferecem para um microcosmos o que se pondera em oferecer também em uma perspectiva macro quando se pensa em buscar uma abordagem pós-colonial da segurança: a crítica das ideologias, sobretudo ocidentais e do Norte global, que engessam representações e significados.

A título de exemplo, a fotografia de crianças correndo de um ataque de Bomba de Napalm foi capaz de expor os horrores da guerra no Vietnã para uma população em guerra (Figura 1), e um filme sobre a dura preparação e vivência de soldados enquanto lutam essa mesma guerra foi capaz de expor os traumas e dilemas de soldados que lutam pelo lado oposto dessa guerra (Figura 2), mostrando, de forma crua, dois âmbitos da mesma guerra. No caso da guerra no Vietnã, a primeira grande guerra televisionada, a radicalidade das imagens do campo de batalha foi essencial para conduzir a opinião pública dos EUA a deixar de apoiar a investida estadunidense no Vietnã, país cujas tropas estavam no Vietnã lutando contra a resistência vietnamita ao seu intervencionismo em questões internas. Se de um lado os EUA possuíam disparadamente uma vantagem quantitativa, bélica, para vencer o conflito, por outro lado, sem a legitimidade moral necessária para manter o conflito, inflamada fortemente

---

[48] Como Teixeira (2007, p. 84) vai destacar, "na América Latina os temas do T.O. [teatro do oprimido], giram em torno das condições de vida sub-humanas, que envolvem os desníveis sociais, temas políticos urgentes e coletivos, como classifica Boal. Na Europa os 'temas sociais' e 'psicológicos' (divisão do autor para mero efeito didático) dizem respeito (pelo menos até antes dos eventos terroristas de 11 de setembro de 2001 nos EUA, e em 11 de março de 2004 em Madrid, entre outros...) à questão das centrais nucleares, emancipação da mulher, solidão, direito à diferença, incomunicabilidade, etc., gerando muitas vezes a dúvida se aborda, um psicodrama".

pelos questionamentos que as imagens da guerra instigavam na população estadunidense, o país perde, moralmente, a guerra e se retira da mesma.

Figura 1 – "O Terror da Guerra", também popularizada como "A Garota de Napalm".

Autoria: Nick Ut, originalmente publicada no *The New York Times* em 1972. Disponível em: http://web.archive.org/web/20110121082648/culturevisuelle.org/catastrophes/files/2010/11/petite-fille-napalm-vietnam.jpg . Acesso em 22 out. 2024

Figura 2 – "Nascido para Matar"

Fonte: "Full Metal Jacket". Direção: Stanley Kubrick. Estados Unidos, 1987. Imagem disponível em: https://les2scenes.fr/cinema/full-metal-jacket. Acesso: 22 out. 2024

A dimensão estética da guerra no Vietnã foi essencial para estimular debates que influenciaram os rumos do conflito. As dimensões analíticas imateriais permitidas pela perspectiva audiovisual, que exibia o outro lado do conflito, superaram o discurso político que foi construído para justificar o envolvimento dos EUA em tal conflito perante a sua população. Nesse caso, a contribuição da dimensão estética para uma questão de segurança, em uma guerra contra um Estado oriental com um passado de exploração colonial, contribuiu para um tipo de repúdio àquela investida pela própria população do Estado que estava envolvido na guerra.

A abordagem estética, como Bleiker (2009) vai apontar, permite que as lacunas de representação, nesse caso, do *outro*, sejam identificadas, fazendo com que os significados sobre tais representações sejam repensados. Para Bleiker (2001), a regularidade com que determinados eventos são apresentados ao grande público faz com que esse público se acostume com o discurso apresentado, enquanto tal discurso, em si, e, sobretudo, a forma como o mesmo é representado, é escolhido de forma arbitrária, artificial, pelos que detêm o poder de fazê-lo por intermédio do uso dos meios de comunicação perante os quais dispõem de influência. Diferentes aparelhos podem ser utilizados para a legitimação de visões particulares de mundo. Em outras palavras, a ficção pode alterar, dar significados e legitimar a realidade social.

Se a Guerra Fria foi o principal marco temporal para que os estudos de segurança, como vimos na subseção anterior, recorressem a novas percepções, advindas da Teoria Crítica, da Linguística, dos Estudos Culturais, dentre outras diversas áreas do conhecimento, os atentados às torres gêmeas, em 11 de setembro de 2001, podem ser considerados um marco temporal para a incorporação do âmbito estético, como o audiovisual, nos estudos de segurança (Mutimer; Grayson; Beier, 2013). Enquanto a noção tradicional de soberania delimitava assuntos pertinentes à esfera nacional e à esfera internacional, dificultando a observação de questões transnacionais (Walker, 2013), o problema do terrorismo embaça as barreiras entre dentro e fora, entre atores estatais e não estatais, entre vantagens bélicas quantitativas e vantagens estratégicas qualitativas nas guerras assimétricas[49]. Os trabalhos de Raquel Cabral (2006), em *Estratégias da*

---

[49] Em suma, guerra assimétrica é o termo utilizado para denominar disputas entre atores estatais e atores não estatais; a assimetria desses conflitos pode ser observada no interior de suas diferenças qualitativas e quantitativas. Para um entendimento mais aprofundado acerca dos conceitos e práticas das guerras assimétricas, como terrorismo, guerrilha e movimentos de resistência, ver Visacro (2009).

Comunicação no cinema pós-11 de setembro: a legitimação da guerra, Daniel Ivori de Matos (2018), em *A Guerra ao Terror e o cinema estadunidense pós-11 de setembro de 2001*, são exemplos de interpretações de acadêmicos do Sul global, de brasileiros, acerca deste fenômeno de criação de consensos relativos à Guerra ao Terror, especificamente no cinema.

No entanto, encontramos na literatura mundial diversos trabalhos que abarcam as questões estéticas quando tratamos de política e segurança que foram produzidos após o início dos anos 2000. Como James Der Derian (2009), que discorre acerca de uma abordagem dos novos paradigmas da guerra, incluindo o virtual, onde o autor cita as novas conexões entre as esferas militar, midiática e do entretenimento, que estão constantemente reproduzindo representações de violência como forma de justificar atitudes e políticas estatais, citando o conceito que vai chamar de *infoterror*, que seria, a título de exemplo, o controle da narrativa midiática que os EUA utilizaram para justificar a resposta militar e política durante a Guerra ao Terror, após os atentados de 11 de setembro.

Michael Shapiro (2009), por sua vez, vai discorrer acerca do que chama de *geopolítica cinematográfica*. Analisando, sobretudo, o potencial crítico de obras audiovisuais, através da análise de diversos filmes, o autor apresenta a utilidade da crítica estética para lidar com a análise do que chama de nova cartografia violenta. Não há a possibilidade de dicotomias no seio de uma abordagem estética, sobretudo quando nos referimos às questões de segurança. A multiculturalidade, o explícito e o implícito do cinema permite-nos observar as diversas disputas de narrativa pela representação.

Robert Saunders (2019) aborda a questão da televisão, especificamente das séries de televisão com temáticas geopolíticas, como meios de avaliar e questionar questões de política mundial. O autor declara que "dada a capacidade das séries de televisão de responder às manchetes de todo o mundo, bem como atender aos gostos do público, o meio fornece uma plataforma substancialmente diferente para engajar e interrogar assuntos mundiais e negociar realidades geopolíticas" (Saunders, 2019, p. 691). Ao analisar séries estadunidenses, como *Lost*, *The Wire* e *24*, bem como estudos de caso de programações da Noruega, Suécia, Dinamarca e Alemanha, o autor chega à conclusão que as séries de televisão com temáticas geopolíticas de serviços de streamings que são reproduzidos em todo mundo, dada a cultura globalizada, necessitam de um nível de atenção que não está sendo fornecido, e afirma que uma compreensão mais aprofundada das estruturas internas das séries de televisão com temáticas geopolíticas pode aperfeiçoar as metodologias de análise de abordagens da cultura popular e da política mundial por meio de quatro processos: "1) a cultura popular como causa ou resultado da política mundial; 2) a cultura popular como um espelho; 3) a cultura popular como dado; 4) a cultura popular como constitutiva e interativa com o processo político internacional" (Saunders, 2019, p. 718).

Por esse motivo, os meios de comunicação em massa, como séries de televisão, apresentariam um valor significativo para tal devido ao "seu alcance massivo, a capacidade persuasiva e a interferência desmedida na conformação do imaginário coletivo" (Moraes, 2016, p. 20). Os mecanismos de identificação acionados pelos meios de comunicação teriam sucesso devido ao compartilhamento de consensos, de símbolos compartilhados entre os que os produzem e os que os consomem, dentro de uma cultura em comum, com valores, significados, práticas e modos de vida compartilhados. Dessa forma, "para explorar a complexidade da segurança, precisamos explorar novas maneiras de pensar, ver, ouvir e sentir o político. Precisamos nos libertar dos limites disciplinares, escrever com criatividade e explorar outras formas de comunicação, incluindo as formas visuais" (Bleiker, 2018, p. 196)[50].

Foi por esse motivo que neste capítulo observamos os principais marcos, conceitos e teorias para compreender de forma mais abrangente o nosso problema de pesquisa e as lupas teóricas nas quais nos debruçaremos para tentar solucioná-lo. Observamos exaustivamente o papel da produção de sentido através da linguagem que molda hábitos em culturas, assim como ajuda a construir a realidade social, seu acúmulo de conhecimentos e suas concordâncias genéricas, pois essa dimensão está intrinsecamente ligada tanto ao nosso problema de pesquisa quanto ao caminho que escolhemos para testar a nossa hipótese.

---

[50] É relevante pontuar que grandes limitações foram e são encontradas na busca por uma abordagem estética que fuja de uma completa influência ocidental tanto na teoria quanto nos caminhos para a prática. Steele (2017) vai abordar a importância de mover a nossa atenção para além das lentes ocidentais e, a partir disso, sugere três formas para contribuir com a ampliação desse olhar através das abordagens estéticas: isso pode ser realizado por meio de: (1) incentivar o foco não apenas no que é visto, mas também no que está oculto, deslocando, assim, as análises da política na representação para as condições que possibilitam a representabilidade; (2) dispor de relatos não ocidentais e pós-coloniais para abrir os quadros visuais da pesquisa em RI; e, finalmente e de forma mais abrangente, (3) usar a posição privilegiada dos instrutores e os locais transformadores da sala de aula, para incorporar uma pedagogia crítica que traz uma abordagem estética mais plural e multivisual para estudantes de política global, mesmo em um momento de maior corporatização do ensino superior em todo o mundo (Steele, 2017, p. 207).

CULTURA POPULAR, ESTÉTICA E SEGURANÇA NACIONAL:
A CONSTRUÇÃO DE AMEAÇAS E INIMIGOS NA SÉRIE HOMELAND (2010-2018)

Dessa forma, aprofundamo-nos melhor na compreensão do papel das representações nessa construção da realidade social, ou seja, na compatibilidade da aceitação de determinadas percepções da realidade em uma cultura, e o papel do discurso, da ideologia e da hegemonia nessa construção de visão do meio social e a forma como o âmbito da Virada Estética nas RI e nos ECS nos forneceria caminhos para compreendê-los para além das teorias tradicionais. Um caminho pós-positivista e cultural. Um caminho que não nos leva ao fim da história, mas a uma nova forma de interpretá-la e criá-la. Um caminho que utilizaremos nas próximas discussões neste trabalho para responder ao nosso problema de pesquisa, analisando os âmbitos subjetivos e interpretativos que a série *Homeland* e as NSS de Obama (2010) e Trump (2017) nos proporcionarão para compreender, por meio deste estudo de caso, como um produto cultural, do âmbito audiovisual, da televisão geopolítica, poderia ajudar na legitimação, por meio do discurso, de documentos e diretrizes de segurança nacional.

2

HOMELAND E AS ESTRATÉGIAS DE SEGURANÇA NACIONAL DOS EUA

No Capítulo 2, "*Homeland* e as estratégias de segurança nacional dos EUA", temos como pretensão apresentar os dois objetos de pesquisa que constituirão o nosso estudo de caso, com o objetivo de apresentar ao leitor quais são esses objetos para que, posteriormente, no Capítulo 3, possamos analisá-los a partir das referências teóricas que foram apresentadas no Capítulo 1, e, assim, tentarmos compreender de que forma o produto cultural que será apresentado neste capítulo se engajaria em práticas de segurança, especificamente observando a construção da segurança nacional dos EUA a partir do recorte de como o país compreende as ameaças e os inimigos da sua própria segurança, que igualmente serão apresentados neste capítulo por meio das NSS.

Começaremos pela apresentação do contexto, sinopse e sua caracterização como produto cultural da série *Homeland*. Em seguida, analisaremos as duas temporadas da série (2011 e 2018) para depois abordarmos os documentos NSS de 2010 e 2017 para, posteriormente, mostramos como a série e as estratégias se correlacionam na construção de ameaças, inimigos e políticas de segurança nacional.

2.1 Por que *Homeland*? Contexto, sinopse e sua caracterização como produto cultural

A televisão com temática geopolítica difunde em grande escala representações discursivas que, como observamos no decorrer deste trabalho, podem formatar e influenciar comportamentos humanos e, portanto, moldar discursos e práticas políticas. Por esse motivo, esta obra considerou relevante compreender como os discursos fictícios normalizam e/ou legitimam determinadas representações nas produções estéticas, sonoras, visuais e audiovisuais. Nesta seção, temos como propósito explorar como essa condição pode ser observada na prática de uma produção audiovisual. Visto isso, iremos apresentar, primeiro, as premissas de um dos nossos objetos de pesquisa, nosso estudo de caso, a série *Homeland* (2011-2022), especificamente as temporadas 1 (2011) e 7 (2018), observando como os contextos do que são considerados pertinentes à esfera da segurança nacional, especificamente como o que são encarados como inimigos e ameaças para a segurança nacional estadunidense são apresentados na obra.

Baseada na série israelense *Hatufim* (2010), também exportada para versões russa, indiana e mexicana[51], a versão de *Homeland* produzida nos EUA[52] pela *Fox 21 Television Studios* e exibida pelo canal *Showtime*, herdou a premissa da série original: quando soldados feitos prisioneiros por anos retornam aos seus respectivos países, as pessoas responsáveis por acompanhá-los em suas readaptações suspeitam de suas reais intenções; se ainda servem aos interesses de seus países ou se foram convertidos aos interesses daqueles que os capturaram.

---

[51] Dados extraídos do site Hollywood Reporter. Disponível em: https://www.hollywoodreporter.com/news/homeland-as-a-telenovela-mexicos-736997. Acesso: 15 dez. 2022.

[52] É interessante destacar que *Homeland* foi produzida, escrita e administrada por Howard Gordon e Alex Gansa, roteiristas, produtores e *showrunners* dos EUA, que também produziram a série *24* (2001-2010), protagonizada por Kiefer Sutherland (Jack Bauer), com a mesma temática de luta contra o terrorismo.

Figura 3 – Abertura de *Homeland*, temporada 2011/2012

Fonte: Montagem de autoria própria a partir das imagens obtidas da tela do serviço de streaming Star+ (hoje Disney+)

Em seu segundo episódio, temos o primeiro acesso à abertura da série, que mostra uma pequena garotinha assistindo aos noticiários na televisão (Figura 3), que anunciam matérias como "o navio USS Cole foi atacado enquanto abastecia...", "este foi um ato terrorista...", "um avião bateu no World Trade Center", e o então presidente dos EUA, Barack Obama, dizendo, em uma coletiva de imprensa, "nós devemos e nós vamos permanecer vigilantes, aqui e no exterior...". Na estreia do *remake* estadunidense de *Hatufim*, *Homeland* (2010), ambientada em 2011, temos como protagonistas a agente da Agência Central de Inteligência (CIA), Carrie Mathison (Claire Danes), e o Sargento Nicholas Brody (Damian Lewis), que havia desaparecido durante uma missão no Iraque, em 2003.

Carrie Mathison era a pequena garotinha assistindo ao noticiário na abertura da série. Carrie cresceu consumindo tais narrativas televisivas. Carrie, já adulta, foi recrutada por um agente da CIA e passou a atuar como uma agente de campo no âmbito do contraterrorismo. Carrie fez parte da equipe que não conseguiu prever e evitar os atentados ao World Trade Center e a outros locais estratégicos para segurança nacional dos EUA, em 11 de setembro de 2001. Mas este não é um trabalho sobre Carrie e o microcosmo de seus traumas pessoais. Este é um trabalho sobre como os produtos culturais, audiovisuais e televisivos, possuem a capacidade de atuar na realidade social, modificando-a ou legitimando-a, nos mais diversos âmbitos, e, por isso, os estudos de segurança não deveriam ignorar os meios imateriais, como o cultural em suas análises e tomadas de decisão.

Para Negra e Lagerway (2015, p. 131), as séries de televisão pós 11 de setembro de 2001 como *Homeland* atuam "como ferramenta de propaganda, particularmente em relação à dominação cultural e conflito de identidade". Neste trabalho, tratamos sobretudo do primeiro âmbito citado por Negra e Lagerway (2015), o cultural. Dessa forma, cabe, aqui, expor que *Homeland* foi uma série cuja média de audiência das temporadas 1 e 7, nas quais iremos nos aprofundar ao decorrer do trabalho, foi de 1,24 milhão de espectadores simultâneos[53] por episódio[54], ao mesmo tempo que, enquanto esteve no ar, recebeu 40 nominações ao Emmy Awards[55], ganhando oito desses prêmios[56], e tendo sido homenageada, em 2016, em uma categoria do Emmy Awards denominada *Television Academy Honors*, que "celebra e reconhece 'Televisão com Consciência' - programas de televisão que inspiram, informam, motivam e até têm o poder de mudar vidas. Estabelecido em 2008, este prestigioso prêmio é separado e distinto

---

[53] Exibida pelo canal a cabo Showtime, nos EUA. Média obtida a partir dos dados nos sites *The Futon Critic* e *TV Series Finale*, que utilizaram dados fornecidos pela empresa de informações e dados *Nielsen Media Research*.

[54] Segundo o site IMDb (Internet Movie Database), que se propõe a ser uma base de dados on-line com informação acerca de mídias audiovisuais, em um ranking de 8 mil séries de TV, lançadas entre 1 de janeiro de 2011 e 31 de dezembro de 2011, ordenando por popularidade crescente, a série *Homeland* se encontra em décimo lugar, enquanto a série *Game of Thrones*, em primeiro lugar. Para fins de comparação, o primeiro episódio da série *Game of Thrones* obteve 2.22 milhões de espectadores, enquanto *Homeland* obteve 1.2 milhões de espectadores. Dados disponíveis em: https://www.imdb.com/search/title/?title_type=tv_series&year=2011-01-01,2011-12-31. Acesso em: 15 dez. 2022.

[55] Segundo o seu próprio site, o Emmy Awards é uma premiação com o objetivo de reconhecer a excelência em várias áreas audiovisuais — de televisão a mídias emergentes.

[56] De acordo com o site IMDb, entre 2011 e 2020, *Homeland* recebeu 182 nomeações a prêmios, vencendo 61 desses prêmios. Dados disponíveis em: https://www.imdb.com/title/tt1796960/awards/?ref_=tt_awd. Acesso em: 21 dez. 2022.

CULTURA POPULAR, ESTÉTICA E SEGURANÇA NACIONAL:
A CONSTRUÇÃO DE AMEAÇAS E INIMIGOS NA SÉRIE HOMELAND (2010-2018)

do reconhecimento do Emmy pela excelência televisiva"[57]. Tal homenagem fora concedida a *Homeland* pelos seguintes motivos, que constam no site do Emmy Awards (2016):

> Em sua quinta temporada, este thriller político estrelado por Claire Danes, três vezes vencedora do Emmy, aborda assuntos atuais por meio de enredos envolvendo vigilância, hacking e uma violação de segurança que lembra as revelações não autorizadas de Edward Snowden para se concentrar no estado globalizado da guerra hoje, postulando que a luta na Era da Informação envolve riscos mais altos e um campo de jogo universal. Em um momento em que a radicalização acontece online e os terroristas planejam ataques em conversas secretas, Homeland é um espelho para nosso mundo criptografado (Emmys, 2016, s/p).

Podemos auferir a partir das citações anteriores que tais práticas não são inconscientes. Existem, de fato, programas de televisão fictícios que ganham prêmios por inspirar, informar, motivar e ter o poder de mudar vidas. No caso de *Homeland*, estamos nos referindo à temática da segurança nacional. Logo, a premiação estadunidense supracitada considerou que *Homeland* inspirou, informou, motivou e teve o poder de mudar vidas por meio de sua trama fictícia acerca da segurança nacional dos EUA. Esse é apenas um exemplo do porquê podemos considerar que o âmbito cultural, como a própria televisão em si, engaja-se em práticas da realidade social; aqui, na realidade da segurança nacional, mesclando realidade e ficção. Para Kellner (1995),

> Uma cultura de mídia emergiu na qual imagens, sons e espetáculos ajudam a produzir o tecido da vida cotidiana, dominando o tempo de lazer, moldando visões políticas e comportamento social e fornecendo os materiais com os quais as pessoas forjam suas próprias identidades. O rádio, a televisão, o cinema e outros produtos das indústrias culturais fornecem os modelos do que significa ser homem ou mulher, bem-sucedido ou fracassado, poderoso ou impotente. A cultura da mídia também fornece os materiais com os quais muitas pessoas constroem seu senso de classe, de etnia e raça, de nacionalidade, de sexualidade, de "nós" e "eles". A cultura da mídia ajuda a moldar a visão

---

[57] Dados extraídos do site da *Academia* de Artes e Ciências Televisivas dos Estados Unidos, responsável pela premiação anual dos Emmys. Disponível em: https://www.emmys.com/awards/honors/summary. Acesso em: 15 dez. 2022.

predominante do mundo e os valores mais profundos: ela define o que é considerado bom ou ruim, positivo ou negativo, moral ou mau. As histórias e imagens da mídia fornecem os símbolos, mitos e recursos que ajudam a constituir uma cultura comum para a maioria dos indivíduos em muitas partes do mundo hoje. [...] A cultura da mídia é uma cultura da imagem e muitas vezes utiliza imagem e som. As várias mídias – rádio, cinema, televisão, música e mídia impressa, como revistas, jornais e histórias em quadrinhos – privilegiam a visão ou o som, ou misturam os dois sentidos, atuando também em uma ampla gama de emoções, sentimentos e ideias. A cultura midiática é a cultura industrial, organizada no modelo de produção de massa e produzida para um público de massa de acordo com tipos (gêneros), seguindo fórmulas, códigos e regras convencionais. É, portanto, uma forma de cultura comercial e seus produtos são mercadorias que tentam atrair o lucro privado produzido por corporações gigantes interessadas na acumulação de capital. A cultura da mídia visa um grande público, portanto, deve ressoar com temas e preocupações atuais e é altamente atual, fornecendo hieróglifos da vida social contemporânea (Kellner, 1995, p. 1).

Quando estamos nos referindo à *Homeland* como um produto cultural televisivo, estamos nos referindo a uma obra fictícia que alcança massas por meio de suas tramas. Especialmente no caso da série, temos a peculiar temática da segurança. Assim, podemos compreender *Homeland* como um produto cultural que, apoiando-nos nas definições de Kellner (1995), tanto tem sua trama influenciada pela realidade social quanto está inserida dentro dessa mesma realidade social, influenciando-a da mesma forma, em uma espécie de retroalimentação da produção de sentido. Como observa Moïsi (2017, s/p),

A geopolítica não se contenta em invadir brutalmente a realidade do nosso quotidiano, ela invade a nossa imaginação, num movimento dialético irresistível e sem dúvida perigoso. A realidade internacional não se torna apenas uma fonte de inspiração para os roteiristas da série televisiva. A própria série torna-se fonte de inspiração para os atores do mundo, num movimento dialético cada vez mais alarmante, e ponto de referência, senão mesmo instrumento de interpretação, para os espectadores cada vez mais numerosos. [...] Acima de tudo, as séries se tornaram de fato uma fonte útil de inspiração para a própria política, senão mesmo a melhor ferramenta para transmitir uma mensagem a um público cada vez maior. Por que entrar em detalhes em um debate complexo quando você pode se contentar em bater com uma imagem chocando a imaginação de quem você quer convencer ou seduzir?

David Grondin (2014, s/p) completa:

O entretenimento de segurança nacional também pode sempre ser usado como uma forma de propaganda para o estado de segurança nacional ou uma crítica a ele. Para os estudiosos das Relações Internacionais que estudam a cultura popular, o militainment pode, assim, mostrar como a vida nacional dos EUA é transformada e habitada pela militarização quando se considera a ancoragem do fato militar no tecido social da vida cotidiana americana com a guerra e a segurança nacional sendo propagadas e consumidas como entretenimento[58].

Dessa forma, podemos compreender que *Homeland* foi uma série que, de fato, tornou-se um produto cultural de massa para a população estadunidense, observando de seus números grandiosos de audiência em suas exibições na televisão, sem sequer contabilizar os seus números quando a série foi difundida mundo afora por streamings, à forma como a série utilizou de narrativas conhecidas, culturais, desse mesmo público interno, como forma de dialogar com a realidade social através de tramas fictícias.

Isso porque *Homeland* causaria no espectador, sobretudo estadunidense, uma aproximação com as questões de segurança, mesmo na ficção, o que, combinado com narrativas semelhantes nas diretrizes de segurança nacional dos governos dos EUA, que observaremos posteriormente, apoiado nos pressupostos teóricos que nos aprofundamos no Capítulo 1, coconstruiriam a percepção acerca da realidade social da segurança nacional estadunidense desse espectador. Como observa Shapiro (2015), apoiado em autores como Georg Lukács (1970) e Mark Fisher (2009), a audiência busca na ficção similaridades com sua realidade para que possam compreendê-la e até mesmo para que possam formular respostas a essa realidade.

---

[58] Grodin explica que *militainment* significaria a fusão de militar e entretenimento, conforme cunhado por Stahl (2010), uma ideia que se junta a James Der Derian (2009), que cita as novas conexões entre as esferas militar, midiática e do entretenimento, que estariam constantemente reproduzindo representações de violência como forma de justificar atitudes e políticas estatais.

> Se o cinema e a televisão estão preocupados com sua estabilidade institucional, não está claro que os espectadores americanos vejam a origem de sua fragilidade social como resultado de crimes militares americanos em terras distantes, ou mesmo do enfraquecimento da hegemonia da América em um mundo onde a China, de modo crescente, domina o sistema capitalista. A principal preocupação do espectador não é a geopolítica, mas a maneira como a geopolítica medeia as preocupações sobre o status e a segurança da classe doméstica. Parafraseando Clover [2010], produtos metacinemáticos e metatelevisuais devem ser interpretados como a classe média doméstica examinando sua própria crise existencial. Mais concretamente, o tipo de imersão do espectador dentro de um círculo de espelhamento entre os personagens que vemos em Homeland produz uma forma que melhor transmite a sensação das classes médias de que elas precisam aprender a repensar as múltiplas temporalidades da história como um guia para ajudar a realinhar as lealdades de classe para deter ou amortecer sua deflação de status (Shapiro, 2015, p. 157).

Dessa forma, Shapiro (2015), assim como outros autores das RI, do campo da segurança, sobretudo das perspectivas críticas, dos Estudos Culturais, dos estudos que contemplam ferramentas audiovisuais, entre outros (Blinker, 2015; Deylami, 2019; Duncombe, 2019; Guarinos; Berciano-Garrido, 2022; Letort, 2016; Moïsi, 2017; Ossa, 2022; Pears, 2016), observaram anteriormente a série *Homeland* e o contexto da televisão geopolítica como um bom estudo de caso para robustecer pontos que foram levados em consideração, até este momento, neste trabalho. Os meios imateriais, como os meios culturais, também devem ser levados em consideração quando nos referimos às esferas que moldam a realidade social. Incluindo a realidade da segurança[59].

Por fim, como observaremos melhor posteriormente, *Homeland* foi lançada em um período em que em menos de uma década os EUA haviam passado pelos atentados do 11 de setembro, pelas consequências da Guerra ao Terror, bem como por uma grande crise econômica (Góes, 2018). Essa era a realidade estadunidense e, não sem fundamento, essa era a ficção apresentada em forma audiovisual na série. Isto posto, na

---

[59] Blinker (2015), Deylami (2019), Duncombe (2019), Guarinos e Berciano-Garrido (2022), Letort (2016), Moïsi (2017), Ossa (2022), Pears (2016), Shapiro (2015) oferecem uma leitura mais robusta acerca das diversas dimensões de *Homeland* já exploradas por autores das mais diversas áreas, sobretudo a de segurança.

CULTURA POPULAR, ESTÉTICA E SEGURANÇA NACIONAL:
A CONSTRUÇÃO DE AMEAÇAS E INIMIGOS NA SÉRIE HOMELAND (2010-2018)

próxima subseção, iremos nos aprofundar nos recortes escolhidos para os fins deste trabalho; a primeira temporada de *Homeland*, lançada em 2011, e a sua sétima temporada, lançada em 2018.

2.1.1 *Homeland* 2011 e 2018: introduções

Desde sua primeira temporada, a versão estadunidense da série, protagonizada pela agente da CIA Carrie Mathison (Claire Danes), voltou-se para os imbróglios decorrentes do combate às ameaças à *homeland*[60], à terra natal, aos EUA. No entanto, é possível observar mudanças narrativas quando a primeira temporada (2011), lançada sob o governo de Barack Obama, e a sétima temporada (2018), lançada sob o governo de Donald Trump, são contrastadas. E é isso que pretendemos apresentar nesta subseção e nos aprofundarmos no próximo capítulo deste trabalho.

A primeira temporada da série (2011) começa em Bagdá, no Iraque, quando a então agente de campo da CIA Carrie Mathison está em uma corrida contra o tempo para fazer contato com um de seus informantes antes que ele seja executado. Antes que seja levado para ter a sua sentença de morte executada, Carrie consegue ter uma conversa com o seu o informante, que revela para a agente que um prisioneiro de guerra estadunidense teria sido convertido e agiria como um cavalo de Tróia[61] para os interesses de grupos terroristas dentro dos EUA. Dez meses depois, Carrie, que agora está trabalhando na sede da CIA, em Langley, recebe a notícia de que, após uma incursão rotineira de soldados estadunidenses a instalações terroristas no Oriente Médio, um sargento dos Fuzileiros, Nicholas Brody (Damian Lewis), foi encontrado após ter sido feito de prisioneiro pela al-Qaeda por oito anos. A trama principal dessa temporada se torna as tentativas da agente para tentar descobrir se o sargento era o cavalo de Tróia ao qual o informante se referiu.

Essas primeiras impressões permearam as narrativas da série sobre as ameaças e inimigos para a segurança nacional dos EUA. Ambientada em 2011, os termos "al-Qaeda", "Afeganistão" e "Iraque" foram empregados de forma recorrente, majoritariamente em contextos em que os personagens estão se referindo às ameaças à segurança nacional. A Arábia Saudita também foi envolvida na trama quando um infiltrado

---

[60] Traduzido do inglês, *homeland* significa "terra natal", "pátria", "terra pátria".

[61] Metáfora para uma estratégia que envolve entrar em território/local inimigo sem que o mesmo perceba.

no séquito do Príncipe Real do país se aproveita de uma viagem para os EUA para transferir dinheiro para a al-Qaeda financiar uma tentativa de atentado aos EUA. Por fim, como suspeitou Carrie, o sargento Brody teria sido mesmo convertido pela al-Qaeda e estava disposto a participar de um ato terrorista para matar figuras políticas importantes dos EUA.

Da maneira como foi construído, o discurso na trama da primeira temporada de *Homeland* (2011) reforçaria a ideia do terrorismo como a maior ameaça à segurança nacional dos EUA por meio de duas maneiras igualmente relevantes, que iremos explorar de forma mais profunda no Capítulo 3 deste trabalho, ao apresentar para o grande público de um conjunto de países e atores não estatais com os quais o espectador estadunidense já possuía familiaridade, como o Iraque e a al-Qaeda, como as ameaças e inimigos principais aos interesses dos EUA, fazendo com que o discurso ao qual o espectador já tem acesso fora da ficção ajudasse a legitimar a narrativa da série (Shapiro, 2015). E, também, por meio da condução da narrativa principal, que reforçaria características da guerra irregular, onde as vantagens qualitativas que podem ser decisivas para a condução do conflito, como atos terroristas ou a penetração de ideologias opostas à estadunidense no território dos EUA, são obscuras e dignas de constante medo e alerta, na trama e na realidade social (Visacro, 2009).

Já a sétima temporada de *Homeland* (2018), na qual, da mesma maneira, iremos nos aprofundar com mais detalhes no decorrer do Capítulo 3, apresentou um contexto de desordem interna dos EUA devida às polarizações políticas no país, levando o espectador às temáticas de esquemas de criação e divulgação de *fake news* e conspirações internas e externas com o objetivo de minar a democracia estadunidense de dentro para fora. Nessa temporada, a Rússia seria o país que causaria essa crise, por intermédio de uma trama conspiracional e agentes infiltrados. Em uma cena específica, o chefe de segurança nacional dos EUA, Saul Berenson (Mandy Patinkin), chega ao ponto de enfatizar que a Rússia havia feito isso em várias partes do mundo, utilizando redes sociais e tecnologias afins. Assim, a narrativa conduziu o espectador à ideia de que a Rússia estaria fazendo isso porque haveria novas ferramentas, como as redes sociais e *fake news*, que dariam ao país uma chance de alcançar algum poder ao enfraquecer o ambiente interno estadunidense.

Da forma como o discurso na trama da sétima temporada de *Homeland* (2018) foi construído, os imbróglios aos quais a segurança nacional dos EUA estaria submetida se dariam pela interferência de outro Estado soberano. Uma narrativa familiar, cultural, aos residentes dos EUA, país que esteve envolvido nas 1ª e 2ª Grandes Guerras, compreendidas como o oposto de guerras irregulares, uma vez que eram Estados soberanos lutando contra Estados soberanos, e não contra atores não estatais (Visacro, 2009), assim como na Guerra Fria.

Assim, ao compararmos as tramas da primeira (2011) e da sétima (2018) temporadas de *Homeland*, observamos determinadas mudanças narrativas no que tange o discurso acerca do que seriam consideradas as principais ameaças e inimigos para a segurança nacional dos EUA. Sendo assim, esta subseção teve como objetivo apresentar ambas as tramas para que o leitor pudesse ter um primeiro contato com a tais mudanças narrativas, que serão retomadas durante a elaboração do Capítulo 3 deste trabalho. Assim como *Homeland*, temos um segundo objeto de pesquisa a ser apresentado, que da mesma forma terá a sua relevância explorada no Capítulo 3. Esse segundo objeto de pesquisa são as *National Security Strategies* (NSS), nas quais nos aprofundaremos na próxima subseção.

2.2 *National Security Strategy* e a segurança nacional dos EUA

Nesta seção, apresentaremos o que são os documentos NSS, a partir de quais necessidades a apresentação desses documentos surgiu, quais são os seus propósitos e suas relevâncias. Paralelamente, pretendemos compreender especificamente como as NSS são expressões narrativas que se traduzem em diretrizes políticas, com um olhar mais atento para como esses documentos lidam especificamente com a segurança nacional dos EUA, a partir de suas concepções acerca das principais ameaças e inimigos para a segurança nacional e as possibilidades sugeridas para combatê-las, observando como isso se deu por meio das primeiras NSS de cada governo desde a sua implementação, de Ronald Reagan a George W. Bush, que antecederam as NSS nas quais pretendemos nos aprofundar neste trabalho.

Por esse motivo, nos debruçaremos posteriormente, ainda nesta seção, particularmente na primeira NSS do governo de Barack Obama, publicada em 2010, assim como na primeira NSS do governo de Donald Trump, publicada em 2017, com o objetivo de compreender como esses governos expunham suas concepções de segurança nacional, especialmente, quais objetos, âmbitos, instrumentos e eventos eram compreendidos como ameaças e inimigos para a segurança nacional dos EUA, para que o leitor possa ter seu primeiro contato com as convergências e divergências entre as NSS do governo de Barack Obama (2010) e do governo de Donald Trump (2017).

2.2.1 Criação e propósitos das *National Security Strategies*

Em 1986, visando fortificar um esforço uníssono das Forças Armadas e superar os ruídos de comunicação entre elas e interagências, o Congresso estadunidense aprovou o Ato Goldwater-Nichols de Reorganização do Departamento de Defesa[62], com o objetivo de promover uma efetividade maior ao aconselhamento prestado ao Presidente, ao Conselho de Segurança Nacional e ao Secretário de Defesa, em assuntos sobretudo de segurança, a partir do Departamento de Defesa (United States, 1986). Desde então, com o objetivo de comunicar a visão estratégica do governo ao Congresso, à comunidade internacional, à nação, criar consensos internos sobre a política externa e de defesa e apresentar a agenda presidencial (Snider, 1995), todo presidente eleito dos EUA apresenta ao menos um documento denominado *National Security Strategy*. As NSS são expressões físicas de discursos políticos que se convertem em diretrizes e políticas públicas, uma vez que "proteger a pátria dos EUA e seus cidadãos contra ameaças tem sido um dos principais deveres dos governos ao longo da história do país" (Meese; Nielsen; Sondheimer, 2018, p. 208).

A primeira NSS após o Ato Goldwater-Nichols de Reorganização do Departamento de Defesa foi a do governo de Ronald Reagan (1987). Influenciado pelo contexto da Guerra Fria, o documento enfatizou a promoção a nível internacional da democracia nos parâmetros estadunidenses e apontou como a principal ameaça à segurança e aos interesses nacionais dos EUA os desafios impostos pela União Soviética acerca de mudanças no sistema internacional, propondo diretrizes que fossem de encontro a minimizar tal ameaça.

Uma vez que os fantasmas do Vietnã e Watergate se distanciavam, "a Doutrina Reagan colocaria os Estados Unidos em um curso estratégico que incluía ressurgimento militar, libertação, superioridade ideológica e honra" (Colucci, 2012, p. 388), assim, para além de intervir ao ter os seus interesses ameaçados de forma direta, os EUA também iriam intervir ao ter seus valores sob ataque indireto. E assim o fizeram, a título de exemplo,

---

[62] Lei de 1986 que reorganizou o Departamento de Defesa dos EUA.

CULTURA POPULAR, ESTÉTICA E SEGURANÇA NACIONAL:
A CONSTRUÇÃO DE AMEAÇAS E INIMIGOS NA SÉRIE HOMELAND (2010-2018)

nas nações caribenhas quando, com o objetivo de combater a ideologia comunista no local, os EUA ocuparam a ilha, impedindo a expansão das tropas cubanas, apoiadas pelos soviéticos, que se dava no território (Colucci, 2012), com o objetivo de combater a ameaça supracitada na NSS (1987), a de que as mudanças no sistema internacional não os desfavorecessem, mas sim o oposto; e para que isso acontecesse, a ameaça de uma ideologia oposta não poderia continuar[63].

Avançando para alguns anos depois, a primeira NSS do governo de George H. W. Bush (1990), por sua vez, motivada pelo fim da União Soviética, propôs uma proteção do legado estadunidense pós-Guerra Fria, sobretudo em termos políticos e econômicos, e uma liderança do país frente a essa nova era, mostrando um grande interesse na gestão dos países do *terceiro mundo*[64]; sendo assim, foi nesse momento que houve a coroação do Consenso de Washington[65].

Como o seu principal objetivo era "a sobrevivência dos Estados Unidos como um país livre e nação independente, com seus valores fundamentais intactos, e suas instituições e pessoas seguras" (United States, 1990, p. 2), liderando em termos globais as consequências e as oportunidades que surgiram após o fim da Guerra Fria, as maiores ameaças e inimigos reportados em tal NSS foram os movimentos que impedissem essas ambições, de ataques militares aos EUA e a países aliados ao controle de tecnologias e recursos militares aos países que consideraram hostis. Dessa forma, as diretrizes do governo de tal NSS (1990) se voltaram, sobretudo, à manutenção da Organização do Tratado do Atlântico Norte (Otan)[66], para fins de proteção bélica, ao mesmo tempo a um esforço de negociação com o atual governo russo, do então presidente Mikhail Gorbatchev, após o fim da Guerra Fria, com objetivos como a desmotivação da continuação dos regimes ao redor do mundo que ainda se inspiravam nos ideais soviéticos, e assim Gorbatchev o fez, como no caso de Cuba[67].

Já a primeira NSS do governo de Bill Clinton (1994) merece destaque por ter surgido em um contexto de consagração da unipolaridade da hegemonia estadunidense. Tal NSS apresentou as ambições cobiçadas

---

[63] Para maiores referências, ver Colucci (2012).

[64] Termo utilizado no documento.

[65] Em suma, um conjunto dito universal de medidas econômicas que o Fundo Monetário Internacional passa a sugerir a países emergentes, teoricamente com o objetivo de que esses fossem inseridos na nova ordem mundial.

[66] Aliança militar intergovernamental com fins de proteção mútua assegurada aos países membros.

[67] Para um aprofundamento no tema, ver Powaski (2019).

no âmago do processo da globalização neoliberal econômica, e, consequentemente, seus principais interesses se desenvolvem com o objetivo de permitir que esse processo fosse efetuado, com um discurso de olhar mais para políticas domésticas. Ao menos, esse foi o discurso durante o primeiro ano de sua administração.

Para além do âmbito econômico nacional, que também se ancorou na operação de uma estratégia de cooperação comercial multilateral, houve uma preocupação com a não proliferação de armas de destruição em massa. As diretrizes expressaram o desejo pela manutenção da ordem em nível mundial, o que explicaria a aproximação diplomática de Clinton com a Rússia a fim de auxiliar na transição para um regime democrático e de economia capitalista. Destaque também para o combate ao terrorismo e ao narcotráfico, sobretudo em países periféricos que pudessem impactar a ordem global, como a intervenção que o governo fez no Haiti, que, para além de ser morada de cidadãos estadunidenses, era geograficamente perto dos EUA. Finalmente, sublinhou-se a expansão da Otan. Tais prioridades revelam a forma como o governo entendia o que seriam as principais ameaças à segurança e ao interesse nacional (Powaski, 2019).

Se, no primeiro parágrafo do prefácio da NSS de Bill Clinton, foi afirmado que "o conflito étnico está se espalhando e Estados rebeldes representam um sério perigo para a estabilidade regional em muitos cantos do globo" (United States, 1994, s/p), reflexo da ideia do choque de civilizações[68], foi na primeira NSS do governo de George W. Bush (2002), lançada no ano seguinte aos atentados de 11 de setembro, que o inimigo levou a alcunha de inimigo: a defesa da paz seria através do combate ao terrorismo — e às nações comprometidas pelo mesmo, pois "os aliados do terror são os inimigos da civilização" (United States, 2002, s/p). George W. Bush, então, criou o Departamento de Segurança Interna em menos de 10 dias após os atentados, que, ao centralizar dentro do mesmo 22 organizações, novas ou preexistentes, tornou-se o terceiro maior departamento do governo dos EUA (Meese; Nielsen; Sondheimer, 2018).

Para fins de nossa obra, precisamos enfatizar a forma como a ideia de Rússia (um dos objetos principais na trama da sétima temporada da série *Homeland*, que analisaremos mais profundamente no próximo

---

[68] Tese segundo a qual Samuel Huntington defende que com o fim da disputa ideológica entre os EUA e a URSS, os próximos grandes conflitos da humanidade se dariam no campo identitário, religioso e cultural, entre diferentes povos. Ver Huntington (1996). Para uma crítica, ver Benhabib (2002) e Said (2001).

capítulo) foi construída nesses documentos. Citadas nominalmente na NSS (2002), a Rússia foi considerada uma nação em meio a uma transição para um futuro democrático e estaria no cerne de um processo de ajuda aos EUA no que tange ao combate ao terrorismo, assim como a China também foi citada nominalmente porque estaria "descobrindo que a liberdade econômica é a única fonte de riqueza nacional" (United States, 2002, s/p). Com os adjetivos que foram utilizados, podemos identificar que o *hard power* estadunidense, sobretudo no âmbito militar, não seria, naquele momento, reservado às nações consideradas concorrentes dos EUA na busca pela liderança, política e econômica, global. A Guerra ao Terror[69] foi declarada e tornou-se prioridade daquele governo, uma vez que foi diretamente considerada uma ameaça à segurança nacional. O Afeganistão, por sua vez, foi citado como um Estado fraco e um inimigo dos interesses dos Estados fortes, tendo o seu território invadido pelos EUA em consequência disso (United States, 2002). De fato, a NSS do governo de George W. Bush operou em concordância com as posições ali postas, e o documento, como os que o precederam, pode ser compreendido como um reflexo de como o país enxergou as ameaças à segurança nacional, e, da mesma forma, uma amostra de como a política externa estadunidense está disposta a lidar com as mesmas.

Daí a relevância de tais documentos para os fins deste trabalho: compreender de que maneira as diferentes concepções apontadas nas NSS de Obama (2010) e de Trump (2017), acerca de suas compreensões de ameaças e inimigos para a segurança nacional, e suas diretrizes e ações para como lidar com as mesmas, foram refletidas, como espelhos, e intensificadas, como lupas de aumento, nas narrativas da primeira (2011) e sétima (2018) temporadas de Homeland, lançadas, respectivamente, nos anos seguintes às apresentações dos documentos. Na próxima subseção, observaremos mais atentamente essas duas NSS.

2.2.2 As *National Security Strategies* de 2010 e 2017: ameaças, inimigos e diretrizes da segurança nacional dos EUA

Em 2010, Barack Obama assumiu a presidência dos EUA com duas grandes crises em mãos: as consequências das medidas unilaterais do governo de George W. Bush durante a Guerra ao Terror, que desagradou

---

[69] Campanha militar liderada pelos EUA com o objetivo de combater o terrorismo.

seus parceiros de décadas ao invadir o Iraque sem autorização da ONU, e o auge da crise financeira que se iniciou nos EUA e atingiu todo o globo[70]. Foi nesse contexto que sua primeira NSS (2010) foi elaborada, procurando "revitalizar a economia do País como núcleo fundante do seu poderio global, retomando as grandes iniciativas de cooperação multilateral com seus tradicionais parceiros (União Europeia e Japão), esquecidas que foram pelo Governo de Georg W. Bush" (Góes, 2018, p. 521).

No sumário da NSS (2010), o capítulo "Promovendo nossos interesses" teve como subcapítulos "Segurança", "Prosperidade", "Valores" e "Ordem internacional". O subcapítulo que mais nos interessa, para os fins deste trabalho, é o denominado "Segurança", que contém os seguintes tópicos: "Fortalecendo a segurança e a resiliência em casa", "Desorganizar, desmantelar e derrotar a al-Qaeda e seus violentos afiliados extremistas no Afeganistão, no Paquistão e em todo o mundo", "Uso da força", "Reverter a propagação de armas nucleares e biológicas e proteger materiais nucleares", "Avançar em paz, segurança e oportunidades no Oriente Médio", "Investir na capacidade de parceiros fortes e capazes" e "Ciberespaço Seguro".

Admitindo que as ameaças e inimigos para a segurança dos EUA mudaram nos últimos 20 anos, a NSS prosseguiu na introdução do capítulo "Segurança":

> A competição entre os Estados continua, mas em vez de um único adversário nuclear, os Estados Unidos agora estão ameaçados pela potencial disseminação de armas nucleares para extremistas que não podem ser dissuadidos de usá-las. Em vez de um império expansionista hostil, agora enfrentamos uma série de desafios, de uma rede de extremistas violentos a Estados que desrespeitam as normas internacionais ou enfrentam um colapso interno. Além de enfrentar os inimigos em campos de batalha tradicionais, os Estados Unidos agora devem estar preparados para ameaças assimétricas, como as que visam nossa dependência do espaço e do ciberespaço (United States, 2010, p. 17).

Assim como supracitado, ao decorrer do documento, especificamente do subcapítulo "Segurança", houve tendências narrativas acerca das ameaças à segurança nacional que enfatizam as ameaças do

---

[70] Ver Góes (2018).

terrorismo internacional, da instabilidade que Estados falidos[71] produzem, da disseminação de tecnologias mortais sobretudo para atores não estatais, da turbulência econômica e de questões climáticas. Dando ênfase para a questão do Oriente Médio, a NSS expôs que após o fim da guerra no Iraque suas forças militares renovaram seu foco no Afeganistão como parte de um compromisso de "romper, desmantelar e derrotar a al-Qaeda e seus afiliados" (United States, 2010, p. 4). Por tais razões, o documento defendeu a manutenção da superioridade militar dos EUA como forma de combater tais ameaças e inimigos.

Ao enfatizar que "nossa segurança nacional depende da capacidade da América de alavancar nossos atributos nacionais únicos, assim como a segurança global depende de uma liderança americana forte e responsável" (United States, 2010, p. 7), o documento buscaria reforçar o seu objetivo de renovar a liderança estadunidense em nível internacional para que o cenário fosse favorável para a promoção de seus interesses. Observa-se uma relação de fortalecimento mútuo de seus objetivos, onde controlar as ameaças e inimigos supracitados, majoritariamente no campo internacional, seria fortalecer a segurança e a estabilidade dos EUA e, ao mesmo tempo, quanto mais fortalecidas estão a segurança e a estabilidade no nível nacional, mais fácil seria realizar a manutenção de uma liderança no plano internacional.

Como se agissem em nome da história, como uma espécie de farol do mundo, os discursos estadunidenses que expõem, ou, com o basilar teórico que vimos até então neste trabalho, moldam as ideias do que seriam segurança e insegurança nesta NSS (2010), "procuram construir como universais, permanentes, naturais, tradicionais e, portanto, legítimos, significados, normas, valores, ideias e instituições que seriam particulares, contingentes, artificiais, seculares e passíveis de contestação" (Resende, 2012, p. 270-271). Os EUA transcenderiam suas percepções próprias acerca da segurança para um nível global. Particularmente na NSS de Barack Obama (2010), as principais ameaças e inimigos para a segurança nacional, majoritariamente advindos de atores não estatais, são também postos como ameaças à segurança internacional, promovendo a ideia de uma mobilização, sob a liderança dos EUA, para lidar com os mesmos.

Já o cenário que proporcionou a vitória eleitoral de Donald Trump (2017) envolveu questões profundas que foram de setores físicos, como

---

[71] Termo utilizado no documento para se referir politicamente a Estados que não têm efetividade no controle de seu território e/ou na manutenção de suas instituições democráticas.

baixa remuneração no setor econômico[72], a percepções subjetivas, como a questão racial nos EUA sobretudo contra a crescente população hispânica no país[73]. Assim, prometendo *fazer a América grande novamente*[74], Donald Trump é eleito com a esperança de retomar essa suposta glória perdida.

O conceito de América em primeiro lugar que Trump traz consigo foi refletido em sua NSS, lançada em 2017. Não deixando de apresentar interesse de liderança global, mas com uma mudança estratégica dos caminhos para alcançar tal interesse, agora a partir de um "arquétipo protecionista desenvolvido contra a China, classificada como potência rival, juntamente com a Rússia" (Góes, 2018, p. 528-529), a fim de, sobretudo, proteger o seu mercado interno. No sumário do documento, o Capítulo 1, que nos interessa mais para os fins deste trabalho, denominado "Proteger os americanos, a pátria, e o *American Way of Life*", contém a seção "Proteção das fronteiras e do território estadunidense", com as subseções "Defesa contra armas de destruição em massa", "Combate às bioameaças e pandemias" e "Fortalecer o controle de fronteiras e a política de imigração", a subseção "Encontrar as raízes das ameaças", com os tópicos "Derrotar os terroristas jihadistas" e "Desmantelar organizações criminosas transnacionais", bem como uma seção denominada "Manter a América segura na era cibernética" e uma última denominada "Promover a resiliência americana".

---

[72] Farley (2019) argumenta que os colégios eleitorais que foram decisivos para a vitória de Donald Trump (os chamados "*swing states*", estados haviam votado em Barack Obama nas duas últimas eleições, mas que mudaram para Trump em 2016) apresentaram características em comum, como: eram especializados em um setor industrial que estava em declínio e apresentavam uma estagnação no crescimento populacional (o que não significava necessariamente um baixo nível de empregos, mas estava associado a ofertas de trabalhos de baixa remuneração, fazendo com que "embora os empregos possam ter crescido, a percepção das pessoas sobre suas oportunidades de avanço econômico provavelmente não cresceu" (Farley, 2019, p. 344), justificando o alinhamento dessa população com as promessas políticas de Trump de sair de Tratados internacionais que estariam prejudicando tais setores industriais); eram uma população que possuía um baixo número de pessoas brancas sem educação universitária (para o artigo, grupo educacional com grande probabilidade de votar em Obama ao invés de em Trump); e apresentavam o contexto de uma população hispânica em crescimento que "pode ter alimentado o medo de uma competição racial" (Farley, 2019, p. 350).

[73] Stuart Hall (2019) previu esses últimos fenômenos supracitados, pensando principalmente na interação entre os símbolos e narrativas das culturas nacionais e os impactos de um mundo interconectado, com fluxos imigratórios. Mostrando que em tempos de crise há uma tendência a voltar-se contra o que vem de fora, o que não está presente no mito fundacional, nas origens daquela nação, como forma de retornar a um suposto passado glorioso que conduziria a nação em direção à modernidade, Hall (2019, p. 33) afirma que "frequentemente esse mesmo retorno ao passado oculta uma luta para mobilizar as 'pessoas' para que purifiquem suas fileiras, para que expulsem os 'outros' que ameaçam sua identidade".

[74] Slogan da campanha de Donald Trump em 2016.

Apresentando uma mudança narrativa para uma expressão discursiva mais enfática e direta, sem grandes preocupações em convencer ou mobilizar a comunidade internacional, a NSS (2017) construiria tendências narrativas acerca das percepções de ameaças e inimigos para a segurança nacional ainda sob o véu narrativo do terrorismo. Todavia, quando trata especificamente das ameaças e inimigos para a segurança nacional estadunidense, antes mesmo de citar o terrorismo, a NSS voltou-se para o desenvolvimento de armas nucleares por regimes párias, e, após citar o terrorismo, seu foco se transformou no entendimento de que potências rivais estariam "minando agressivamente os interesses estadunidenses em todo mundo" (United States, 2017, p. 1). Citando nominalmente alguns países, o documento afirma que

> A Coreia do Norte busca a capacidade de matar milhões de americanos com armas nucleares. O Irã apoia grupos terroristas e clama abertamente por nossa destruição. Organizações terroristas jihadistas, como o ISIS e a al-Qaeda, estão determinadas a atacar os Estados Unidos e radicalizar os americanos com sua ideologia de ódio. Atores não-estatais minam a ordem social por meio de redes de tráfico de drogas e humanos, que usam para cometer crimes violentos e matar milhares de americanos a cada ano (United States, 2017, p. 7).

Houve uma grande preocupação com agressões econômicas e práticas comerciais desleais. Nesse sentido, segundo a NSS (2017), a China e a Rússia "desafiariam o poder, a influência e os interesses estadunidenses, tentando erodir a segurança e a prosperidade" (United States, 2017, p. 2), uma vez que estariam "determinadas a tornar suas economias menos livres e menos justas, aumentar suas forças armadas e controlar informações e dados para reprimir suas sociedades e expandir suas influências" (United States, 2017, p. 2). Para a NSS (2017), "as potências revisionistas da China e da Rússia, os Estados rebeldes do Irã e da Coreia do Norte e as organizações de ameaças transnacionais, especialmente grupos terroristas jihadistas estão competindo ativamente contra os Estados Unidos" (United States, 2017, p. 25). Uma das formas através das quais esses grupos fariam isso, segundo o documento, seria por meio da promoção de ideias antiocidentais através de "propaganda e outros meios para tentar desacreditar a democracia" (United States, 2017, p. 3).

Dessa forma, a narrativa de ameaça e inimigos para a segurança nacional na NSS (2017) teria sido construída por meio de um discurso de defesa dos interesses nacionais. Não haveria uma preocupação em mobilizar a comunidade internacional, em contraste à NSS de 2010. Ao contrário, é enfatizado que os EUA estariam preparados e dispostos a encarar tais ameaças e inimigos. China, Rússia, Irã e Coreia do Norte, citados nominalmente como ameaças, aparecem como preocupações não apenas no âmbito do *hard power*, por suas capacidades físicas, mas também no de *soft power*, por suas capacidades de promover visões opostas ao interesse de *fazer a América grande novamente*.

Quadro 1 – Destaques, em ordem de menção, nas introduções das NSS, assinadas pelos presidentes Obama (2010) e Trump (2017), das suas considerações acerca de quais âmbitos consideravam como principais ameaças e inimigos para a segurança nacional

Ordem de menção	Principais ameaças e inimigos para a segurança nacional na NSS de 2010	Principais ameaças e inimigos para a segurança nacional na NSS de 2017
1º	Terrorismo	Regimes desonestos
2º	Nações, atores não estatais e países falidos	Terrorismo
3º	Iraque, Irã, al-Qaeda	Coreia do Norte, Irã

Fonte: elaborado pela autora (2023)

Assim, podemos observar, como resumido no Quadro 1, que houve mudanças em relação ao que o governo de Barack Obama, em 2010, compreendia como principais ameaças e inimigos para a segurança nacional quando comparado com o que o governo de Donald Trump, em 2017, compreendia como principal ameaça e inimigo da segurança nacional. Essas mudanças não significaram apenas mudanças narrativas, mas se refletiram em mudanças nas diretrizes políticas acerca de como lidar com a segurança nacional e o que a ameaçava. Comparando, de modo superficial, ambas as NSS (2010, 2017), podemos observar que a NSS de 2010 incluía o *soft power* e alianças com países diversos para lidar com tais ameaças e inimigos, enquanto a NSS de 2018 discorria acerca de preservar a paz por meio da força bruta, ou seja, do chamado *hard power*. Essas foram as percepções acerca das diferenças entre as NSS que esta subseção pretendeu abordar, como já posto, com o objetivo de que o leitor compreendesse, para além do que eram as NSS e seus objetivos, como elas agiam na prática da realidade social, ao se traduzirem em políticas públicas de segurança.

Desse modo, este Capítulo 2 se encerra com a compreensão condensada no escrito de Jepperson, Wendt e Katzenstein (1996, s/p) de que "os ambientes de segurança nos quais os Estados estão inseridos são em parte importantes culturais e institucionais, e não apenas materiais. Isso contrasta com a suposição feita pelos neorrealistas e muitos estudiosos das fontes domésticas da política de segurança nacional"; isso porque "os ambientes culturais afetam não apenas os incentivos para diferentes tipos de comportamento do Estado, mas também o caráter básico dos Estados" (Jepperson; Wendt; Katzenstein, 1996, s/p). Tal proposição robustece a ideia de que os Estados não possuiriam propriedades intrínsecas[75], mas sim que suas formas e, consequentemente, seus comportamentos seriam afetados por fatores exteriores, como o âmbito cultural, como observam Jackson e Nexon (2003, p. 144), quando afirmam que

> Os políticos tentam vender políticas externas específicas ao público, uns aos outros e aos principais constituintes, criando histórias sobre a política mundial que implicam cursos de ação específicos. O tipo de narrativa que o público aceitará limita o que as políticas públicas podem buscar, e restrições semelhantes também restringem os criadores de outros produtos para consumo em massa, como filmes e programas de televisão. Dessa forma, o entretenimento de massa é uma excelente janela para a cultura política de massa. É também um vetor importante na sua produção e reprodução. Ao estudar o entretenimento de massa, podemos obter informações importantes sobre os parâmetros mutáveis – os limites da possibilidade – do que constitui narrativas políticas legítimas e também sobre como sustentá-las.

Como observamos no capítulo anterior, e pretendemos nos aprofundar no capítulo a seguir, o âmbito cultural é um desses espaços que também apresentaria impactos no âmbito da segurança. Dessa forma, da mesma maneira que observamos anteriormente que o fim da Guerra Fria foi um marco para que os teóricos das perspectivas críticas de segurança

---

[75] O que Jepperson, Wendt e Katzenstein (1996) chamam de identidade do Estado, que afetaria os interesses e as políticas de segurança nacional dos mesmos. No entanto, neste trabalho não iremos nos aprofundar na questão da identidade Estatal; para uma compreensão mais aprofundada acerca de tal debate, ver Jepperson, Wendt e Katzenstein (1996).

pudessem observar de que forma os conhecimentos de outros âmbitos da ciência, como o estudo da estética e seus meios, poderiam contribuir para a área da segurança, temos no mundo pós-atentados de 11 de setembro de 2001, sobretudo para a perspectiva nacional dos EUA, um momento que escancarou na prática que questões de normas, identidades e cultura possuem influência nas questões de segurança, e não apenas a lógica estrita das questões militares, que as perspectivas tradicionais dos estudos de segurança apresentavam. E é exatamente esse debate que pretendemos construir no Capítulo 3.

Com esse objetivo, utilizaremos uma metodologia já existente, baseada no trabalho de Alexander George (1979), e utilizada por John Lewis Gaddis (2005), que, em sua obra, buscou observar as políticas de segurança nacional dos EUA, especialmente após a 2ª Grande Guerra, por meio da observação de suas estratégias. Por estratégia, o autor refere-se ao "processo pelo qual os fins estão relacionados aos meios, as intenções às capacidades, os objetivos aos recursos" (Gaddis, 2005, p. VIII). Influenciado pelo trabalho de George (1979), que sistematizou metodologias para estudos de casos durante as décadas dos anos de 1960 e 1970, Gaddis (2005, p. IX) observou que "existem para as administrações presidenciais certos códigos 'estratégicos' ou 'geopolíticos', suposições sobre os interesses americanos no mundo, ameaças potenciais a eles e respostas viáveis, que tendem a ser formadas antes ou logo após a posse de um governo".

Assim, Gaddis (2005) utilizou a metodologia de George (1979), de uma comparação estruturada e focalizada, para observar os padrões que poderiam emergir de tais estratégias. Esse método, proposto por George (1979), consistiria em aplicar uma sistematização em metodologias qualitativas que pudessem gerar respostas empíricas. Na prática, propõe identificar um conjunto de variáveis críticas, com motivações teóricas, que poderiam ser aplicadas em diversos estudos de caso, para que as conclusões dos estudos fossem utilizadas para dar corpo às análises empíricas antes realizadas. George e Bennet (2005, p. 67) explicam:

> O método é "estruturado" na medida em que o pesquisador escreve perguntas gerais que refletem o objetivo da pesquisa e que essas perguntas são feitas a cada caso em estudo para orientar e padronizar a coleta de dados, fazendo assim comparação sistemática e acumulação dos achados dos possíveis casos. O método é "focado" na medida em

que lida apenas com certos aspectos dos casos históricos examinados.

Dessa forma, o método de comparação estruturada e focalizada, foi aplicado em diversos trabalhos na área de segurança internacional, como George e Simons (1971, 1994), Carlsnaes (1992), King, Keohane e Verba (1994), Van Evera (1997), entre outros. Os pesquisadores que utilizam esse método identificam o problema de pesquisa e as variáveis de interesse para esse problema, para posteriormente analisar as mudanças nessas variáveis. Foi dessa forma que Gaddis (2005) desenvolveu, como supracitado, um caminho para estudar as estratégias das políticas de segurança nacional dos EUA.

Sendo assim, no presente trabalho optamos por fazer uma análise com o método de comparação estruturada e focalizada, baseada no trabalho de George (1979), que fora utilizado por Gaddis (2005) com fim de analisar estratégias de segurança nacional dos EUA. Para tal, Gaddis (2005) desenvolveu quatro questões que utilizou como base. São elas: 1) Que concepção o governo em questão tinha dos interesses estadunidenses no mundo?; 2) Como ele percebeu as ameaças a esses interesses?; 3) Que respostas escolheu dar face a esses interesses e ameaças?; 4) Como procurou justificar essas respostas?

No próximo e último capítulo, utilizaremos dessas quatro questões para analisar a primeira NSS de Obama (2010), bem como a primeira temporada de *Homeland* (2011), com o objetivo de, posteriormente, identificarmos as correlações entre ambas, ao passo que faremos o mesmo com a primeira NSS de Trump (2017) e a sétima temporada de *Homeland* (2018), com o mesmo objetivo. Acreditamos, portanto, que na ocorrência de uma quantidade relevante de correlações ser encontrada, nossa tese será validada.

CULTURA COMO ESPELHO E LENTE DE AUMENTO DA SEGURANÇA NACIONAL

O objetivo deste capítulo é identificar as correlações entre a primeira NSS do governo de Barack Obama (2010) e a primeira temporada da série *Homeland* (2011), bem como as correlações entre a primeira NSS do governo de Donald Trump (2017) e a sétima temporada da série *Homeland* (2018).

Esse marco temporal foi escolhido uma vez que a primeira temporada de *Homeland* tem a sua estreia no ano seguinte à apresentação da primeira NSS de Obama, enquanto o mesmo fenômeno acontece com a apresentação da primeira NSS de Trump e a sétima temporada de *Homeland*. Dessa forma, temos o marco da passagem de apenas um ano para outro entre a NSS de 2010 e a temporada de 2011, assim como entre a NSS de 2017 e a temporada de 2018, podendo, assim, compararmos o que os documentos de segurança apresentaram com o que a trama da série apresentou. Ao mesmo tempo, também temos uma passagem de sete anos entre a NSS de 2010 e a NSS de 2017, que pode nos mostrar as diferenças narrativas que foram construídas acerca das concepções de ameaças e inimigos para a segurança nacional entre um governo e outro, bem como também temos uma passagem de sete anos entre a primeira temporada de *Homeland* e a sua sétima temporada, que nos permite observar as mudanças narrativas do enredo da série com o intervalo de sete anos.

Para tanto, empregaremos o método já aplicado por John Lewis Gaddis (2005), inspirado em trabalho anterior de Alexander George (1979), que define quatro perguntas a serem feitas a uma estratégia de segurança, a saber: 1) Que concepção o governo em questão tinha dos interesses estadunidenses no mundo?; 2) Como ele percebeu as ameaças a esses interesses?; 3) Que respostas escolheu dar face a esses interesses e ameaças?; e 4) Como procurou justificar essas respostas?. As respostas a essas indagações servirão de apoio a estabelecer correlações entre a NSS de 2010 e a primeira temporada de *Homeland* (2011), bem como entre a NSS de 2017 e a sétima temporada de *Homeland* (2018).

3.1 A análise da NSS de 2010 de Obama

No início da NSS de 2010, vemos que os principais interesses dos EUA são:

> A segurança dos EUA, seus cidadãos, aliados e parceiros. Uma economia americana forte, inovadora e em crescimento em um sistema econômico internacional aberto que promova oportunidades e prosperidade. Respeito a valores universais. E uma ordem internacional conduzida pela liderança dos EUA que promova a paz, a segurança e as oportunidades por meio de uma cooperação mais forte para enfrentar os desafios globais (United States, 2010, p. 7).

A NSS de 2010 sugere olhar para um horizonte no qual os EUA são uma nação mais forte e segura, que inspira pessoas ao redor do mundo. Para isso, seria preciso buscar uma estratégia nacional renovada, que levaria os EUA ao papel de líderes globais, reconstruindo sua força e influência globais. Uma das formas de alcançar esse propósito foi buscar pelo multilateralismo com os países que consideram seus aliados, rompendo com as diretrizes do governo de George W. Bush, e retomando a ideia de que os EUA e seus aliados formaram uma forte coalizão e deveriam continuar a ser uma comunidade de nações e Instituições livres, como foram durante a 2ª Grande Guerra e a Guerra Fria, para promover paz, segurança e valores universais, combatendo um inimigo em comum, o terrorismo. Aqui, observamos um chamado da administração em prol do resgate dessa cooperação para que o mundo caminhasse pelas bases da liberdade e da justiça e que os países que não o fizessem encarassem as consequências quando desviassem dessas responsabilidades, dos valores que a NSS de 2010 entende como universais. Com o objetivo de dar o exemplo, a NSS de 2010 promete proibir a tortura, sem exceção.

Além dos interesses em manter as bases da liberdade e da justiça, a NSS de 2010 reforçaria que os EUA, como nação, estão preparados para liderar a era da globalização, pois

> Desde o nascimento de nossa liberdade, a América tem fé no futuro - uma crença de que para onde estamos indo é melhor do que onde estivemos, mesmo quando o caminho à frente é incerto. Para cumprir essa promessa, gerações de americanos foram moldadas pelos alicerces de nossos pais fundadores - encontrando oportunidades, lutando contra a injustiça e forjando uma União mais perfeita. Também

> criamos redes de comércio, apoiamos uma arquitetura internacional de leis e instituições e derramamos sangue americano em terras estrangeiras - não para construir um império, mas para moldar um mundo no qual mais indivíduos e nações possam determinar seu próprio destino e viver com a paz e a dignidade que merecem. [...] mesmo sendo testados por novos desafios, a questão do nosso futuro não é uma que será respondida para nós, é uma que será respondida por nós. E em um jovem século cuja trajetória é incerta, a América está pronta para liderar mais uma vez (United States, 2010, s/p).

Internamente, a NSS de 2010 também enfatiza que os EUA teriam sido devastados por uma crise econômica, mas que observaria isso como uma oportunidade de construir uma nova fundação para a sua prosperidade.

Com relação à percepção das ameaças a esses interesses, cabe-nos apontar para a hierarquia apresentada na própria introdução da NSS de 2010. A primeira ameaça observada é o terrorismo. A questão do terrorismo é um prosseguimento inevitável, que podemos ver como uma continuação do governo anterior, porém com uma mudança de foco em relação à administração de George W. Bush. Durante a gestão de Bush, ocorreu um foco maior na guerra no Iraque, enquanto na administração de Barack Obama, o foco muda para o Afeganistão, com o mesmo objetivo de derrotar a al'Qaeda.

Em seguida, são destacadas as ameaças decorrentes de fenômenos como nações, atores não estatais e países falidos. Para combater o terrorismo, a NSS de 2010 traz a ideia de nações falidas, diferentemente da administração anterior, que falava sobre a necessidade de mudanças de regime[76], citando que os EUA estariam trabalhando no apoio ao "desenvolvimento de Instituições em democracias frágeis, integrando os direitos humanos como parte do diálogo com governos repressivos e apoiando a disseminação de tecnologias que facilitam a liberdade de acesso à informação" (United States, 2010, p. 5).

Por final, surgem Iraque e Irã, mesmo com o foco tendo sido mudado posteriormente para o Afeganistão, e um ator não estatal específico, a al-Qaeda. A NSS de 2010 pede, inclusive, para comparar "a intenção de destruição da Al-Qaeda com nossa visão construtiva" (United States,

---

[76] Para uma compreensão mais abrangente acerca do que configura uma estratégia de mudança de regime, como a adotada por George W. Bush, ver Haass (2005).

2010, p. 22). Em suma, a NSS de 2010 faz um resumo do que considera suas principais ameaças quando aborda diretamente o tópico da segurança, observando que

> As ameaças ao nosso povo, nossa pátria e nossos interesses mudaram drasticamente nos últimos 20 anos. A competição entre os Estados perdura, mas em vez de um único adversário nuclear, os Estados Unidos estão agora ameaçados pela potencial disseminação de armas nucleares para extremistas que não podem ser dissuadidos de usá-las. Em vez de um Império expansionista hostil, agora enfrentamos uma gama diversificada de desafios, de uma rede indefinida de extremistas violentos que desrespeitam as normas internacionais ou enfrentam um colapso interno. Além de enfrentar inimigos em campos de batalhas tradicionais, os Estados Unidos agora devem estar preparados para ameaças assimétricas, como aquelas que visam nossa dependência do espaço e do ciberespaço (United States, 2010, p. 17).

Com relação às respostas dadas a essas ameaças e inimigos, vemos que a NSS de 2010 procura a reconexão com alianças e parceiros tradicionais. Isso faria parte de um esforço multilateral para fornecer segurança para os EUA e seus aliados, como forma de se recuperar do caminho da unilateralidade nas tomadas de decisão internacionais que o governo anterior, de George W. Bush, havia adotado. Continua com foco no terrorismo, mas o teatro do conflito muda. Na NSS de 2010, o modo de fortalecer a segurança e a resiliência internas viriam das seguintes competências: aumentar a segurança doméstica, ao buscar "prevenir e impedir ataques, identificando e interditando ameaças, negando atores hostis a capacidade de operar dentro de nossas fronteiras, protegendo a infraestrutura crítica e os principais recursos do país e protegendo o ciberespaço" (United States, 2010, p. 18).

Uma segunda resposta apresentada pela NSS de 2010 seria gerenciar efetivamente a emergência das ameaças. Para tal, os EUA prepararam-se "integrando o planejamento doméstico de todos os perigos em todos os níveis de governo e desenvolvendo as principais capacidades para responder a emergências" (United States, 2010, p. 18), ao mesmo tempo que estariam "investindo em capacidades operacionais e equipamentos para melhorar a confiabilidade e a interoperabilidade dos sistemas de comunicação para socorristas [...] incentivando o governo em todos os níveis a se engajar no planejamento de recuperação a longo prazo" (United States, 2010, p. 18-19).

Uma terceira resposta apresentada pela NSS de 2010 seria capacitar as comunidades para combater a radicalização. Isso significaria instruir seus cidadãos a serem atentos à radicalização de indivíduos dentro do próprio país, que se atentariam dessas ameaças por meio dos indícios apontados pelas agências de inteligência.

A quarta resposta da NSS de 2010 seria melhorar a resiliência por meio do aumento de parcerias público-privadas. Assim, a NSS de 2010 prevê o "desenvolvimento de incentivos para governo e o setor privado projetarem estruturas e sistemas que possam resistir a interrupções e mitigar as consequências associadas. [...] manter a capacidade de operar, descentralizar operações críticas para reduzir nossa vulnerabilidade" (United States, 2010, p. 18-19).

Esta pode ser relacionada com a crise econômica que o país havia passado, sobretudo em 2008, quando a NSS de 2010 enfatiza "no centro de nossos esforços está o compromisso de renovar nossa economia, que serve como fonte de poder americano" (United States, 2010, p. 2). O documento reforça que "à medida que reconstruímos a força econômica da qual nossa liderança depende, estamos trabalhando para promover o crescimento equilibrado e sustentável do qual depende a prosperidade e a estabilidade globais" (United States, 2010, p. 4). Assim,

> Estamos reconstruindo nossa economia para que ela sirva como um motor de oportunidades para o povo americano e uma fonte de influência no exterior [...]. A reconstrução de nossa economia deve incluir nos colocar em um caminho fiscalmente sustentável. Como tal, a implementação de nossa Estratégia de Segurança Nacional exigirá uma abordagem disciplinada para estabelecer prioridades e fazer compensações entre programas e atividades concorrentes. Juntos, esses esforços posicionarão nossa nação para o sucesso no mercado global, ao mesmo tempo em que apoiarão nossa capacidade de segurança nacional – a força de nossas forças armadas, inteligência, diplomacia e desenvolvimento, e a segurança e resiliência de nossa pátria (United States, 2010, p. 10).

Por fim, uma quinta resposta que a NSS de 2010 dá para combater as ameaças e inimigos para a segurança que interfeririam diretamente nos interesses estadunidenses, seria o engajamento com comunidades e cidadãos, fornecendo "informações claras e confiáveis sobre riscos e emergências ao público" (United States, 2010, p. 19) para que o estadunidense comum pudesse proteger a si mesmo e aos seus compatriotas.

Dessa forma, a NSS de 2010 propõe alguns caminhos, entre eles, fortalecer a segurança e a resiliência em solo nacional, gerenciando efetivamente as emergências, negando refúgios a terroristas e seus aliados, entregando uma justiça rápida e segura ao deter terroristas, prevenindo ataques à sua pátria, reforçado a segurança da aviação, negando armas de destruição em massa a terroristas, observando de perto o Afeganistão e o Paquistão, que seriam epicentros do terrorismo, capacitando suas comunidades para combater a radicalização, aumentando as parcerias público-privadas, reverter a propagação de armas nucleares e biológicas no mundo, avançar a paz, segurança e oportunidade no Oriente Médio, investir na capacidade de parceiros fortes, construir um ciberespaço seguro, fortalecer a educação e o capital humano, aprimorar ciência, tecnologia e inovação, acelerar o desenvolvimento sustentável, promover a democracia e os Direitos Humanos no exterior, garantir alianças fortes e construir uma cooperação com outros centros de influência do século XXI, como a China, a Índia e a Rússia, assim como com países emergentes (United States, 2010).

Em resumo, o fortalecimento da capacidade nacional dos EUA viria de fortalecer sua defesa, apoiar as ações diplomáticas, assegurar a estabilidade de sua economia e desenvolvimento, fortalecer sua segurança interna e sua Inteligência, ser mais eficazes nas comunicações estratégicas e apoiar o povo estadunidense e o setor privado. Dessa forma, alcançariam seus interesses nacionais acerca da segurança, prosperidade, valores e da ordem internacional (United States, 2010).

Finalmente, agora partimos para a quarta e última indagação feita por Gaddis (2005): como a NSS de 2010 procurou justificar suas opções políticas? Uma resposta para essa pergunta, que ressoa nos demais âmbitos, é que a NSS de 2010 reforçaria que a hegemonia é uma tradição própria dos EUA. Trazendo para si a responsabilidade de conduzir o mundo livre, os EUA buscariam levar a democracia a outros países com a ajuda de suas parcerias e alianças, uma vez que governo o anterior, de George W. Bush, havia rompido com a tradição construída pelos EUA de buscar uma hegemonia apoiada pelo multilateralismo quando agiu de forma unilateral na questão da Guerra no Iraque. A NSS de 2010 faz então questão de enfatizar que a segurança nacional dos EUA a longo termo viria não da habilidade de sugestionar medo nas pessoas, mas sim por meio das suas capacidades de inspirar a esperança das pessoas, como se os EUA fossem "um farol de liberdade para toda a humanidade" (Kissinger, 2001, p. 449)[77].

Considerando que "a segurança nacional dos Estados Unidos depende dessas alianças vibrantes, e devemos desenvolvê-las com parceiros ativos na abordagem das prioridades de segurança global e regional e no aproveitamento de novas oportunidades para promover interesses em comum" (United States, 2010, p. 11), a NSS de 2010 resgataria a ideia de que multilateralismo e alianças seriam bons para todos os participantes, dando o exemplo da força aliada que venceu a 2ª Grande Guerra. A NSS de 2010, então, vira-se para o papel da diplomacia — inclusive sugerindo um diálogo com o Irã e a Coreia do Norte —, do *soft power*, para resgatar essas alianças, sobretudo em nome de um inimigo em comum, o terrorismo. O objetivo do documento seria que esses países se unissem para "interromper, desmantelar e derrotar a Al-Qaeda e seus afiliados extremistas violentos no Afeganistão, Paquistão e em todo o mundo" (United States, 2010, p. 19). Argumentando que

> Enquanto extremistas violentos procuram destruir, deixaremos claro nossa intenção de construir. Estamos nos esforçando para construir pontes entre pessoas de diferentes religiões e regiões. Continuaremos a trabalhar para resolver o conflito árabe-israelense, que há muito é fonte de tensão. Continuaremos a defender os direitos universais de todas as pessoas, mesmo daquelas que discordam. Estamos desenvolvendo novas parcerias em comunidades muçulmanas em todo o mundo, em nome da saúde, educação, ciência, emprego e inovação. E por meio de nossa ênfase mais ampla no engajamento muçulmano, comunicaremos nosso compromisso de apoiar as aspirações de todas as pessoas por segurança e oportunidades. Finalmente, rejeitamos a noção de que a Al-Qaeda represente qualquer autoridade religiosa. Eles não são líderes religiosos, são assassinos (United States, 2010, p. 22).

A NSS de 2010 busca um engajamento abrangente com nações, instituições e povos ao redor do mundo, uma vez que o isolacionismo estadunidense nunca levou a nação à segurança. Para o documento, "a segurança nacional dos Estados Unidos depende dessas alianças vibrantes,

---

[77] Para Kissinger (2001, p. 12), "as singularidades que os Estados Unidos atribuíram a si mesmos durante ao longo de sua história deram origem a duas atitudes contraditórias em relação política estrangeira. A primeira é que a melhor forma de como os Estados Unidos servem seus valores é aperfeiçoando a democracia em casa, agindo assim como um farol para o resto da humanidade".

e devemos envolvê-las como parceiros ativos na abordagem das prioridades de segurança global e regional" (United States, 2010, p. 11). O documento propõe buscar colaborações de países como Reino Unido, França e Alemanha, bem como "aprofundar nossa cooperação com outros centros de influência do século XXI, – incluindo China, Índia e Rússia – com base em interesses e respeito mútuos" (United States, 2010, p. 11).

3.2 A análise da temporada de 2011 de *Homeland*

Aplicando agora o mesmo método utilizado por Gaddis (2005) para analisar estratégias de segurança nacional, lançaremos as mesmas perguntas à série *Homeland*. Começamos, então, com a temporada de 2011: Quais foram as concepções dos interesses dos EUA retratadas na série?

Episódio 1 – *Piloto*: Em Bagdá, Iraque, a agente de campo da CIA, Carrie Mathison (Claire Danes), corre contra o tempo, já que um de seus informantes, que estava preso e iria ser executado naquele mesmo dia, possuía uma mensagem acerca de um ataque iminente aos EUA, planejado por Abu Nazir (Navid Negahban), alto membro da al-Qaeda. Carrie liga para David Estes (David Harewood), vice-diretor da CIA, para pedir a ele que possa intervir na execução da pena, comutando-a, e recebe a resposta de que eles não ditariam mais as leis no Iraque; que aquela era a jurisdição deles. Assim, a série encontrou uma forma de avisar ao espectador que a Guerra no Iraque havia se amenizado e o interesse, agora, seria no Afeganistão. Porém Carrie consegue conversar com seu informante antes de ser executado, ao entrar clandestinamente na prisão onde o mesmo estava preso, e, antes de ser pega pelos guardas iraquianos, recebe a informação de que um prisioneiro de guerra estadunidense havia sido convertido.

Dez meses depois, em 2011, durante uma incursão do exército dos EUA em uma base da al-Qaeda no Afeganistão, o Sargento dos Fuzileiros Navais, Nicholas Brody (Damian Lewis), desaparecido desde 2003, foi encontrado em um cativeiro. Carrie agora é analista de Inteligência, não mais uma agente de campo, uma vez que sua ação de invadir uma prisão iraquiana, nas palavras do vice-diretor da CIA, quase causou um grande incidente diplomático, deixando explícito para o espectador que os EUA não estão mais interessados em agir de forma unilateral em países soberanos, e querem manter a diplomacia como um pilar importante da administração. Ao receber a notícia acerca do Sargento Brody, Carrie conta a informação que seu informante deixou para Saul Berenson (Mandy Patinkin), chefe da Divisão do Oriente Médio da CIA e mentor da analista, e pede autorização para armar um esquema de vigilância para Brody, alertando a Saul e ao espectador que Brody poderia ser um cavalo de Tróia, implantado pela al-Qaeda. Os espectadores também ficam cientes de que tornar os estadunidenses seguros novamente, após os atentados de 11 de setembro de 2001, sobretudo contra o terrorismo e suas vantagens qualitativas em um conflito assimétrico, seria um dos maiores interesses dos EUA na época. Saul nega o pedido, por ser uma jurisdição de David, e diz para Carrie encontrar o seu próprio jeito de provar o que estava dizendo. Brody chega aos EUA, recebido pelo vice-presidente e ovacionado como um herói estadunidense de guerra pela cobertura midiática. Carrie implanta um esquema de vigilância sem autorização, com câmeras, microfones e escutas telefônicas, na casa de Brody. Saul descobre e diz para Carrie que vai contar o esquema de vigilância clandestino para os seus superiores.

> **Carrie**: Eu só quero ter certeza de que nós não seremos atacados novamente.
>
> **Saul**: Que bom que alguém está cuidando do país.
>
> **Carrie**: Falo sério. Eu deixei algo escapar antes. Eu não vou... eu não posso deixar que isso aconteça novamente.
>
> **Saul**: Isso foi há dez anos. Todos nós deixamos algo escapar naquele dia.
>
> **Carrie**: Eu não sou igual a todo mundo.

Carrie, por fim, percebe que em todas as gravações que apareceram na mídia, Brody estava repetindo uma espécie de padrão ao mexer com os seus dedos, e diz para Saul que isso é, provavelmente, uma mensagem que Brody estaria enviando por meio de um código para um líder, uma Célula, ou alguém. Saul concorda em analisar e desiste de denunciar Carrie.

Episódio 2 – *Graça*: Saul recorre ao Juiz Jeffrey Turner (Michael McKean) para pedir autorização para seguir com a investigação sobre Brody.

> **Saul**: Meritíssimo, eu não estou pedindo nada que não tenha sido concedido milhares de vezes nos últimos dez anos.
>
> **Juiz Jeffrey**: Um mandado de vigilância para alguém em solo americano. Se fosse um pedido comum, seguiria o procedimento do padrão.

Saul: Nesse caso, eu não tenho tempo para esperar pela petição.

Juiz Jeffrey: Então, quer que eu emita um mandado FISA diretamente para... O que exatamente você faz na CIA hoje em dia?

Saul: Entre outras coisas, eu visito pessoas que eu preferiria não...

Juiz Jeffrey: Coagir?

Saul: Perturbar.

Juiz Jeffrey: Algum dia você vai me deixar em paz?

Saul: Bem... nós dois sabemos que você é um Juiz bom demais para isso, Jeffrey.

Aqui sabemos que Saul tem informações sobre o Juiz Jeffrey, que usa, quando precisa, para pedir favores, chantageando o Juiz. Também somos apresentados à Lei de Vigilância de Inteligência Estrangeira (FISA), de 1978, que diz que o Chefe de Justiça dos EUA pode dar a Juízes a jurisdição para "ouvir pedidos e conceder ordens que aprovem a vigilância eletrônica em qualquer lugar nos Estados Unidos" (FISA, 1978, p. 1788). Junto à Lei Patriótica (Patriot ACT, 2001), em nome da segurança nacional, estadunidenses e estrangeiros vivendo nos EUA, poderiam ser vigiados sem consentimento, com a finalidade de se proteger também contra o terrorismo internacional. Saul consegue uma autorização de quatro semanas.

Em uma conversa entre o vice-diretor da CIA Estes, o Capitão Mike Faber (Diego Klattenhoff) e o Major Foster (Scott Bryce), comentam como o Sargento Brody significaria uma vitória contra a Guerra ao Terror, principalmente, agora que Osama Bin Laden havia sido morto, um símbolo que os estadunidenses precisavam para voltar a apoiar as operações no Afeganistão, já que, para eles, a guerra contra o terrorismo internacional estaria longe de acabar. Aqui, a série mostra ao espectador como o apoio da opinião pública é valioso para dar prosseguimento a uma guerra, sobretudo uma guerra assimétrica, como aprenderam ao perder a Guerra no Vietnã por terem perdido o apoio dos cidadãos. Eles precisariam que Brody voltasse a ser como um militar para utilizá-lo, por meio da mídia, como uma figura de inspiração.

A Arábia Saudita também é envolvida na trama quando um infiltrado no séquito do Príncipe Real do país se aproveita de uma viagem para os EUA para transferir dinheiro para a al-Qaeda financiar uma tentativa de atentado aos EUA. Carrie recebe de uma informante um vídeo onde o Príncipe da Arábia Saudita se encontra com Abu Nazir, trazendo para o espectador a informação de que a Arábia Saudita, país onde a família de Osama Bin Laden seria uma das mais ricas, estaria envolvida em atos que financiariam o terrorismo, o que reforçaria para o espectador que haveriam nações que não respeitariam as bases da liberdade e da justiça, para além das que eles estariam em guerra direta, como a Arábia Saudita, no caso da série, enquanto outras nações respeitariam essas mesmas bases e seriam colaborativas, como a Alemanha, que acolheu Brody antes de voltar para os EUA. Por isso, para enfrentar o terrorismo internacional, a segurança nacional deveria estar sempre atenta. Brody aceita.

Episódio 3 – *Pele Limpa*: Brody concede a um canal de televisão uma entrevista sobre si mesmo, sobretudo sobre o tempo que esteve em cativeiro. Ele destaca o fato de que seus capturadores o torturaram para conseguir informações, e que tentaram fazê-lo perder a fé em si mesmo e em seu país, que não viria resgatá-lo. Brody tem flashbacks desses momentos, inclusive um de quando se encontrou com Abu Nazir, que ofereceu comida a ele.

Enquanto isso, Carrie lida com o luto pela morte de sua informante, que havia ganhado um colar valioso do príncipe saudita, e foi morta ao sair de uma boate, por um dos seguranças do mesmo, que levou o colar. Em uma conversa com Saul, eles têm o insight de que não foi o príncipe saudita que mandou matá-la, como imaginavam, mas que o colar que a informante usava, fora roubado pelo segurança a fim de ser utilizado como transferência de dinheiro para o financiamento de terroristas em solo estadunidense. Aqui, a série mostra que a guerra assimétrica é qualitativa, que seus métodos são nebulosos, que os cidadãos, e, consequentemente, o espectador, devem estar sempre vigilantes. O episódio termina com a cena de uma mulher estadunidense e um homem paquistanês, comprando uma casa perto de um aeroporto, enquanto Carrie e Saul se perguntam para onde o dinheiro do colar haveria ido.

Continuando nosso exercício, quais ameaças aos EUA são identificadas na série?

Episódio 4 – *Semper I* (Sempre eu): Brody tem sido recebido com euforia em todos os lugares aonde vai. Em uma conversa entre David Estes e Elizabeth Gaines (Linda Purl), a principal consultora política do vice-presidente, é mencionado que o Brody tem sido um assunto viral em blogs, no Twitter, que ofereceram fazer um livro sobre ele, que tem sido convidado por todos os programas de televisão. Nessa conversa, este percebe a intenção de Elizabeth de introduzir o Sargento Brody em uma vida política, e a mesma diz que seria uma sondagem preliminar, mas se Brody estivesse em condições psicológicas e possuísse um mesmo ideal político, ela conheceria muita gente disposta a patrociná-lo em uma campanha política. Aqui observamos a continuidade do esforço de transformar Brody em uma figura que ajudaria a sustentar o apoio público aos esforços militares estadunidenses em guerras assimétricas, como a do Afeganistão, com o objetivo de combater o terrorismo e a al-Qaeda.

Enquanto isso, Carrie apresenta para um grupo de agentes a sua suspeita, quase confirmada, de que o colar roubado da sua informante, depois de ser morta, seria utilizado para o financiamento do terrorismo em solo estadunidense por meio de uma rede *hawala* feita em uma lavanderia, um método informal e anônimo — baseado em confiança mútua forjada por valores e ideologias em comum — de transferência de dinheiro que funciona quando um intermediário, denominado *hawaladar*, recebe uma quantia de dinheiro juntamente a uma senha que só o emissor e o destinatário do dinheiro sabem, fazendo com que esse dinheiro chegue ao seu destinatário sem uma movimentação bancária rastreável por meio de um segundo intermediário que se encontraria com o destinatário. Percebemos, aqui, um exemplo de uma prática existente na vida real que é apresentada ao espectador, ciente ou não de tal prática, como um dos meios que as ameaças assimétricas podem utilizar para permanecerem nebulosas em suas ações. Assim, as pessoas que frequentaram a lavanderia são rastreadas, e passam a ter seus antecedentes criminais, sua privacidade, suas atuações no ciberespaço vigiados para que se descubra se alguma delas recebeu o colar ou o dinheiro advindo do mesmo. Um dos suspeitos é o homem do casal que protagonizou a última cena do episódio anterior.

Brody é apresentado pelo Major Foster à Elizabeth, a consultora política do vice-presidente, ao final de uma missa, que sugere um almoço para os dois conversarem. Enquanto isso, Carrie e outro agente começam a investigar Raquim Faisel (Omid Abtahi), paquistanês, professor de engenharia mecânica, que havia feito três viagens a Lahore nos últimos

18 meses, que havia frequentado a lavanderia para onde o colar havia sido levado. Uma ligação é feita para a esposa de Faisel, que coloca uma bandeira dos EUA na janela como forma de avisar a Faisel que ele estaria sendo seguido, fazendo com que o professor não estacionasse na casa dos dois e conseguisse despistá-los. Faisel é do Paquistão, país de maioria muçulmana. Nesse momento, temos mais um vislumbre sobre como, na série, os EUA sempre observam com mais cautela cidadãos de países de maioria muçulmana, como o Paquistão, a Arábia Saudita e o Afeganistão, até agora.

O prazo de quatro semanas para vigiar Brody, que Carrie tinha, acaba. A agente, então, resolve continuar com a investigação por conta própria. Carrie faz contato direto com Brody, fingindo esbarrar com ele em uma reunião de um grupo de apoio para veteranos. Ela alega ser participante habitual dessas reuniões e conversa com Brody sobre as dificuldades decorrentes das experiências com guerra e com o envolvimento em assuntos de segurança nacional.

Episódio 5 – *Ponto Cego*: Buscando seguir o Alcorão, ao acordar, Brody tenta simular algo semelhante aos chamados de orações muçulmanas. Em sua garagem, ele ora escondido. Junto aos flashbacks, a série começa a nos mostrar que o Sargento, por motivos pessoais, identificou-se com aquela cultura, com aquele povo. Enquanto isso, a CIA consegue capturar um dos terroristas que estavam no lugar onde Brody foi resgatado, que se chama Afsal Hamid (Waleed Zuaiter), de origem síria, que faria parte do Movimento de Liberação Islâmica, grupo de Abu Nazir. A série apresenta-nos outra nação de interesse dos EUA, a Síria.

A CIA coloca Carrie, Saul, e convida Brody para interrogarem o terrorista, com o objetivo de que o mesmo reconheça a identidade do terrorista e que possa ceder informações que os ajudarão no interrogatório. Brody reconhece-o como um de seus guardas e tem um flashback do terrorista o torturando, enquanto dizia que estaria fazendo aquilo pelos seus amigos em Guantánamo[78]. Após ser torturado psicologicamente, com música estrondosa e luzes piscando, por horas, Hamid cede e entrega aos interrogadores, e seus torturadores, o endereço de e-mail que usava para se comunicar. Esse e-mail chega até a Universidade onde Raquim Faisel,

---

[78] Campo de detenção de terroristas presos sobretudo durante a Guerra no Iraque. Para o governo estadunidense da gestão anterior, por serem terroristas, aqueles presos não teriam direito a serem protegidos pela Convenção de Genebra, que garantiria os direitos de combatentes ou não em tempos de guerra.

investigado pela questão do dinheiro do colar, trabalha. Hamid comete suicídio no mesmo dia.

Episódio 6 – *O Bom Soldado*: Raquim Faisel e sua companheira fogem da casa perto do aeroporto onde ficavam, enquanto a CIA os procura. O vice-diretor, Estes, demonstra certo espanto quando descobre que a companheira de Faisel é uma mulher branca; Aileen Margaret Morgan (Marin Ireland), estadunidense que morou na Arábia Saudita entre os 8 e os 13 anos, e lá conheceu Faisel entre 1991 e 1996. Enquanto fogem, Aileen explica para Faisel, que até então não tinha essa informação, que foi treinada, enquanto a CIA chega à conclusão de que foi a estadunidense que se apaixonou por um terrorista. Carrrie, então, revela a possibilidade da própria Aileen ser a terrorista. Em guerras assimétricas, o inimigo pode ser o menos provável.

Enquanto isso, no esconderijo onde se abrigaram, Faisel é morto por desconhecidos. Aileen foge. Carrie e Brody encontram-se em um bar e, depois de uma conversa, eles têm relações sexuais. No dia seguinte, reencontram-se e, após terem uma discussão que se tornou uma briga física com um grupo de supremacistas brancos, eles decidem ir juntos para uma cabana da família de Carrie. É interessante destacar a questão específica abordada pela série acerca dos supremacistas brancos estadunidenses, que também é uma ameaça à democracia.

Quais foram as respostas dadas pela séria às ameaças identificadas na trama? Alguns episódios anteriores da série nos mostraram a forma como os EUA estavam lidando na série contra as ameaças e inimigos para a segurança nacional. Como a vigilância de cidadãos estadunidenses e estrangeiros vivendo nos EUA, a atenção aos países que consideravam que possuíam um regime não democrático, ou Estados falidos, que poderiam colaborar com o terrorismo, a questão da tortura contra terroristas a fim de obter informações, e o cuidado dentro do solo interno para prevenir novos ataques. Dito isso, prosseguimos.

Episódio 7 – *O Fim de Semana*: Aileen é presa por uma força conjunta entre os EUA e as forças federais do México, quando tenta escapar para lá. Saul conduz Aileen de volta para os EUA, em uma viagem de 30 horas, onde tenta colher informações. Após muitas horas de viagem, Aileen cede e confessa que a casa perto do aeroporto era um local estratégico, onde encontrariam um homem desconhecido. Esse homem teria aparecido, ido até o telhado da casa e passado uma hora lá. Sem mais informações, a CIA manda um agente até o local, que identifica que o telhado tem visão direta para o heliporto do helicóptero do presidente, e teria o alcance de tiro de 1,5 quilômetros. O que um atirador de elite conseguiria. Aileen reconhece o ex-parceiro de Brody, Tom Walker (Chris Chalk), até então dado como morto, como o homem que havia ido até a casa dela.

Durante a estadia na cabana, Carrie e Brody envolvem-se intimamente. Porém, ao cometer o deslize de presumir o chá que Brody tomava, Carrie é colocada contra a parede pelo mesmo e confessa que estava o espionando, dizendo também sobre a informação do prisioneiro de Abu Nazir que havia sido convertido e voltaria para solo estadunidense. Brody nega que é ele e diz para Carrie que ela pode perguntar qualquer coisa. Carrie prossegue:

> **Carrie**: Por que vai lá [na garagem da casa de Brody] tão cedo pela manhã e tão tarde pela noite?
>
> **Brody**: Para rezar
>
> [...]
>
> **Carrie**: Você é muçulmano?
>
> **Brody**: Sou. Eu vivi em desespero por oito anos e a minha saída foi me voltar para a religião. Mas não tinha nenhuma bíblia disponível para mim.

Brody confessa que se encontrou com Abu Nazir, que o acolheu, que lhe ofereceu conforto. Porém nega que faz parte de algum plano de Abu Nazir. Carrie recebe um telefonema de Saul contando que Tom Walker era, provavelmente, o prisioneiro convertido.

Episódio 8 – *Calcanhar de Aquiles*: A CIA descobre que Tom Walker liga para a casa da esposa quando a mesma sai para levar o filho para a escola, apenas para ouvir a voz de ambos na secretária eletrônica; sua família seria o seu calcanhar de Aquiles. O plano deles é fazer a esposa atender a uma dessas ligações para tentar tirar informações de Walker. Enquanto isso, um agente do FBI, envolvido na missão, sugere divulgar para o público fotos e informações de Walker, em todas as mídias possíveis, para que o mesmo fosse reconhecido pelos cidadãos. Observamos, aqui, que a série mostra que algumas instituições de segurança preferem atuar de forma mais discreta, enquanto outras contam com a instrução e engajamento de seus cidadãos.

Walker recebe de um homem em um carro com placa diplomata, no meio do trânsito, enquanto estava fingindo pedir esmolas no trânsito, uma chave e um endereço. À noite, as equipes da CIA em conjunto com o FBI conseguem rastrear a localização de Walker, que foge para dentro de um prédio onde havia pessoas orando buscando seguir as chamadas da religião muçulmana pela manhã, orientadas pelo Alcorão. A equipe do FBI entra no prédio e mata duas pessoas inocentes, causando uma crise entre os cidadãos muçulmanos, que se indignam com a violência do Estado. O líder da equipe do FBI manda divulgar que estavam atrás de um terrorista, e assim o que aconteceu ali seria compreendido pelos cidadãos estadunidenses. Presenciamos, aqui, que a falta de delimitação para o uso da palavra terrorista é utilizada para encobrir as falhas do Estado. Walker foge e, chegando ao endereço dado pelo diplomata, encontra uma arma de longo alcance.

Brody vai a uma festa organizada por Elizabeth Gaines, conselheira do vice-presidente, onde é apresentado, entre outros, ao Chefe do Comitê do Partido Democrata dos EUA. Uma notícia é apresentada na televisão, durante a festa, de que um deputado, que é contrário a alocar mais fundos para a vigilância eletrônica e ataques de drones no Oriente Médio, foi acusado de divulgar fotos íntimas de si mesmo. Elizabeth diz para Saul que o deputado cairá em dois dias, e que ela já tem uma ideia de quem pode substituí-lo, dando a entender que seria Brody.

Episódio 9 – *Fogo Cruzado*: No prédio, utilizado como Mesquita onde dois muçulmanos foram mortos, Carrie encontra-se com o Imã (Sammy Sheik), um líder religioso reconhecido pelos muçulmanos que frequentam aquela Mesquita. Carrie acredita que o Imã tem informações sobre Tom Walker, mas o mesmo nega. Porém a esposa do Imã se encontra com Carrie escondida, após isso, e diz que Walker frequentava a Mesquita para se encontrar com outro homem, que não ia até lá para rezar, mas para fazer negócios, e que chegava até o local com um carro com uma placa diplomática da Arábia Saudita.

Brody, que no episódio anterior desiste de ajudar Abu Nazir, é capturado pelo mesmo. Durante isso, temos mais flashbacks de Brody, enquanto era prisioneiro, sendo recebido na casa de Abu Nazir, que diz que aquela também seria a casa do Sargento agora. Brody, então, é apresentado a Issa (Rohan Chand), filho de Abu Nazir, e é instruído pelo mesmo a ensinar a língua inglesa para o seu filho. Observamos, durante o episódio, que Brody se aproxima do menino durante o tempo que foi seu professor, e desenvolve uma afeição pelo mesmo. O menino, que no começo parecia assustado, também desenvolve respeito e carinho por Brody. Abu Nazir entra em contato com Brody, e lembra-o de por que sua missão era importante.

> **Abu Nazir**: Se lembra do novo começo que recebeu?
> **Brody**: Sim, eu me lembro.

> **Abu Nazir**: Issa.

> **Brody**: Você confiou o Issa a mim. Por quê?

> **Abu Nazir**: Por que não confiar em quem prefere morrer a dar informações ao inimigo?

> **Brody**: Você mandou o seu inimigo ensinar ao seu próprio filho.

> **Abu Nazir**: Não. Nós só começamos como inimigos porque foi isso que disseram que somos. Somos inimigos agora? Você se esqueceu?

Em um último flashback, vemos uma escola infantil sendo destruída por um ataque a bombas. Entre os escombros, Brody vê o corpo de Issa, filho de Abu Nazir, morto. De volta à realidade, Abu Nazir diz que nunca planejou nada daquilo inicialmente. Que foi Brody que decidiu fazer algo, depois daquele dia. Ao rever o noticiário estadunidense de dois anos atrás, onde o atual vice-presidente, que na época era o diretor da CIA, dizia que um míssil havia destruído um complexo onde Abu Nazir estava operando, ocultando que o ataque foi a uma escola, e, para além, informando que as fotos dos corpos de 83 crianças que morreram naquela escola eram falsas, criadas pelos terroristas para usar como propaganda, Brody repensa suas atitudes e é instruído pelo segundo-secretário da embaixada saudita, que se encontrava com Walker, Mansour Al-Zahrani (Ramsey Faragallah), a aceitar tornar-se um político e continuar com o plano inicial.

Para além dos esforços da inteligência aplicados para impedir novos ataques terroristas, esse episódio, em específico, pode ser observado de um ponto de vista pedagógico. Vemos a comoção dos muçulmanos a serem, mais uma vez, alvos por conta da paranoia estadunidense, vemos a esposa do Imã, também muçulmana, contribuindo contra o terrorismo, e, principalmente, temos o vislumbre, aguardado há muito, acerca das motivações de Brody para ceder à al-Qaeda. Vemos pelo olhar do outro.

Esse outro, que, como observa Edward Said (2011)[79], é inimigo dos EUA. Esse outro que também enxerga os EUA como o outro.

Como a série tentou justificar as escolhas políticas para lidar com as ameaças?

Episódio 10 – *Deputado Brody*: A CIA está de olho no segundo-secretário da embaixada saudita, Al-Zahrani. Com informações levantadas pela inteligência, para além de ter três esposas e 10 filhos, e ser um muçulmano devoto, a CIA levanta provas que Al-Zahrani tem uma dívida de cerca de 750 mil dólares, com o banco Market Security, e que é homossexual. Com essas informações, a CIA pede ao Departamento de Estado um encontro com Al-Zahrani, que é negado por ele ter imunidade diplomática e, sobretudo, porque a CIA não deveria operar em solo estadunidense; esse seria um trabalho para o FBI. Aqui, temos a informação de que, em nome da segurança nacional, de prevenir novos ataques, de tornar os EUA seguros, de interromper, desmantelar e derrotar a al-Qaeda e o terrorismo, a agência estava indo contra o seu próprio estatuto. Mesmo com o Departamento de Estado contra o plano, David Estes dá à Carrie a função de interrogar Al-Zahrani. Ao conversar com Saul, Carrie diz:

> **Carrie**: Você lembra do que você me disse sobre arrancar a verdade deles?
>
> **Saul**: O quê?
>
> **Carrie**: Que devemos descobrir o que os torna humanos, não terroristas.

A série mostra ao espectador que as agências de inteligência já sabem os motivos para um grupo se tornar extremista. E para esses motivos serem postos de lado para que colaborem, eles precisam de informações que os atinjam pessoalmente.

---

[79] Edward Said (2011) questiona essa representação do outro quando aborda a repetida narrativa da barbárie e do extremismo. O autor mostrou que os povos retratados como bárbaros, na década de 1980, eram os povos que estavam protagonizando lutas anticoloniais, lidando com os imbróglios do legado de exploração imperialista. Ignorar esse contexto e universalizar essa como a identidade daqueles povos orientais seria, no mínimo, incorreto. Said (2011), inclusive, aborda sobre como a própria divisão entre as representações de povos orientais e ocidentais, em si, foi utilizada para fins de manutenção de interesses imperialistas e colonialistas, já que a forma como essas identidades e lugares são representados para um determinado público acaba moldando a forma como esse público, como corpo político, vai agir em relação a essas identidades e lugares (SHAPIRO, 1997, 2009). E quando identidades e lugares são representados como ameaças, gerando como respostas o combate aos mesmos, é ainda mais relevante dar alguns passos para trás e reavaliar tais processos.

CULTURA POPULAR, ESTÉTICA E SEGURANÇA NACIONAL:
A CONSTRUÇÃO DE AMEAÇAS E INIMIGOS NA SÉRIE HOMELAND (2010-2018)

Enquanto isso, Brody recebe a visita do vice-presidente em sua casa, que oferece a ele a oportunidade de concorrer ao cargo de Congressista. Brody diz que se interessa pelo cargo. Entre outras precauções, Brody diz a Carrie que o caso extraconjugal que tiveram não poderia jamais ser exposto na mídia, pois Brody estaria comprometido a fazer o seu casamento e sua nova carreira darem certo. O vice-presidente anuncia a candidatura de Brody para a mídia.

Prosseguindo com o plano de interrogar Al-Zahrani, a CIA consegue interditá-lo para interrogá-lo. Com informações cedidas por agentes suíços, Carrie informa a Al-Zahrani que sabe que ele se encontrou com Sabbaq em Genebra, que seria um emissário de Abu Nazir, e que saiu com um envelope do encontro e depois disso foi a um banco e saiu de lá sem o envelope. Assim, a série mostra-nos como as alianças entre países funcionam no microcosmos das agências de inteligência e segurança, ao trocarem informações acerca da segurança, sobretudo quando se trata do terrorismo. Por fim, com as provas citadas anteriormente, fotos de Al-Zahrani se relacionando com homens, e, sobretudo, quando Carrie ameaça deportar sua filha e fazê-la não ser aceita em solo britânico, alemão, francês, italiano e sequer no escandinavo, o segundo-secretário cede e conta que colabora com Abu Nazir, que Tom Walker trabalha para Nazir, e que se encontraria com Walker no dia seguinte, ao meio-dia, em uma praça. Assim, é instruído a ser uma isca para que a CIA consiga pegar Walker. Porém, no local do encontro onde a CIA esperava capturar Walker, a própria agência é vítima de uma emboscada, quando um homem, que se passava por Walker, explode uma bomba, matando, entre civis e agentes, também Al-Zahrani. Novamente, observamos na trama da série os meios qualitativos utilizados em uma guerra assimétrica; mas, também, como os EUA utilizam desses ataques para justificar sua luta contra o terrorismo para os cidadãos estadunidenses.

Episódio 11 – *O Colete*: O episódio tem início com a cena de um homem costurando um colete-bomba. Durante uma suposta viagem em família, Brody pega o colete e aprende como usá-lo.

Nesse meio-tempo, o vice-diretor da CIA, Estes, diz para um representante da Casa Branca que o helicóptero do presidente é um alvo. O representante diz que o presidente não se importa com a informação porque não pode parecer fraco perante as ameaças terroristas, porque, afinal, ele seria o líder do mundo livre. Mais uma interpretação da posição dos EUA perante o mundo.

Carrie, hospitalizada pela explosão da bomba, mostra sinais de que está sem os seus medicamentos para o Transtorno de Bipolaridade que tem, e parece estar em uma fase maníaca da doença, em um estado instável, com a intensificação de determinados comportamentos, como pensamentos acelerados, que, em seu caso, traduzem-se no foco excessivo no trabalho. Quando Saul a leva para casa, a irmã de Carrie, também sua médica, conta que Carrie é bipolar.

Carrie trabalhou metodicamente nas pistas sobre Abu Nazir e seu provável plano enquanto esteve hospitalizada, que, em um primeiro momento, parece confuso para outras pessoas. Enquanto Carrie diz para Saul que Abu Nazir não contaria apenas com Walker, por insights que teve enquanto estava hospitalizada, mas teria um plano mais elaborado, a CIA continuava focada em localizar Walker. Saul conta o insight de Carrie para Estes. Mais tarde, Saul compreende no que Carrie estava trabalhando: na linha do tempo das ações de Abu Nazir. Uma coluna, no entanto, está incompleta. Nazir havia ficado fora dos olhos da CIA por 11 meses. Eles não sabiam ainda, mas foi na época que Nazir perdeu o seu filho pelo ataque de bombas em sua escola. Carrie liga para Brody para perguntar sobre esse período. Brody não conta nada para Carrie, mas a delata para Estes, que a afasta do trabalho por ter compartilhado informações confidenciais, ter tido um caso com Brody e ter feito uma vigilância ilegal sem a sua permissão.

Episódio 12 – *Marine One*: O episódio tem início com Brody gravando um vídeo, que seria exibido posteriormente a sua missão suicida. O Sargento explica tudo o que ocorreu desde que, em sua missão na Operação Liberdade ao Iraque, foi capturado pelas forças de Saddam Hussein e vendido para um comandante da al-Qaeda, Abu Nazir, que operava nas fronteiras da Síria, onde ficou em cativeiro por oito anos. Após contar o que passou durante o cativeiro, Brody afirma que não sofreu uma lavagem cerebral ou foi transformado em um terrorista, ensinado a odiar seu próprio país, mas que, como um Sargento, era sua obrigação defender os EUA de inimigos no exterior e dentro do país. Que sua ação suicida seria contra esses inimigos internos. Contra o vice-presidente e membros da segurança nacional que Brody afirma que são criminosos de guerra mentirosos, responsáveis por atrocidades pelas quais ficariam impunes, se Brody não fizesse algo. Seu ato seria sobre fazer justiça para as 82 crianças que morreram naquele ataque, que nunca foi reconhecido pelos EUA. Novamente, a série dá-nos, ao mesmo tempo, um vislumbre

CULTURA POPULAR, ESTÉTICA E SEGURANÇA NACIONAL:
A CONSTRUÇÃO DE AMEAÇAS E INIMIGOS NA SÉRIE HOMELAND (2010-2018)

de uma ação que, para Brody, teria justificativa, enquanto para os EUA, seria um ato terrorista infundado. Novamente, o espectador é tirado do maniqueísmo.

Em uma festa, o vice-presidente fala para os seus convidados que no dia seguinte anunciaria a sua candidatura à presidência, com o desafio de colocar os EUA no topo novamente. Aqui, podemos observar que a hegemonia estadunidense, ser o líder do mundo livre, era o maior objetivo no momento. No Departamento de Estado, no dia seguinte, o vice-presidente, cercado de seus aliados políticos e pessoal de praticamente todos os órgãos de Defesa, incluindo os secretários de Defesa e do Estado e da adjunta do Estado-Maior, Elizabeth Gaines. Brody coloca o colete-bomba e vai ao evento.

Enquanto isso, o espectador pode ouvir o noticiário falar sobre a nova fase da Guerra ao Terror, que ainda teria a sua natureza incerta, mas que seria lidada com o poderio necessário para combater o terrorismo, como com o uso de coleta de informações e eliminação de insurgentes. Para isso, o uso de mísseis teleguiados teria sido e continuaria sendo uma arma importante. Nesse momento, a série mostra-nos como os EUA utilizam da luta contra o terrorismo para justificar suas ações para o grande público.

Durante o evento, ainda do lado de fora do prédio do Departamento de Estado, Tom Walker entra em ação e, com uma arma de longo alcance, em um prédio próximo, acerta pessoas a tiros; entre elas, Elizabeth Gaines. Por haver uma ameaça à vida do vice-presidente, todos são colocados em um abrigo isolado e seguro dentro do prédio, o que seria um protocolo padrão nesse caso. Carrie, que está do lado de fora, liga para Saul, e avisa sobre Brody estar lá, dizendo que enquanto eles achavam que Marine One e Marine Two seriam sobre os helicópteros presidenciais, na verdade, seria a parte um e dois do plano, Brody e Walker, que serviram como fuzileiros da Marinha. Carrie enfatiza que o plano não era Walker matar o vice-presidente, pois ele jamais erraria, acertando outras pessoas; que a verdadeira ameaça seria Brody, dentro do abrigo com tantas figuras políticas importantes, incluindo o vice-presidente. Saul finge acreditar na palavra de Carrie, mas manda um de seus agentes interditá-la do lado de fora do prédio. Carrie percebe e vai até a casa de Brody, contando para Dana (Morgan Saylor), filha de Brody, que o pai dela estaria prestes a cometer um ataque terrorista e pede para a garota ligar para o pai para convencê-lo a desistir. A garota liga para a polícia e Carrie é detida.

Dentro do abrigo, Brody tenta explodir o colete, mas o botão falha. Brody vai até o banheiro e vê que um fio do colete estava desconectado e o reconecta. Quando Brody volta, com o colete funcionando, e está prestes a apertar o botão que iria detoná-lo, Dana liga para ele. Durante a conversa tensa, Dana pede para Brody prometer que iria para casa. Brody promete voltar para casa e desiste do plano. Brody era, de fato, um cavalo de Tróia de Abu Nazir, não por motivos de lavagem cerebral terrorista, mas por motivos pessoais.

Na CIA, Saul mostra a Estes a gravação em vídeo do dia que o míssil atirado na escola onde o filho de Abu Nazir estudava. Na conversa, todos concordam em aprovar o bombardeio, mesmo sabendo que havia uma escola ali, com o discurso de que o dano colateral se encaixaria nos parâmetros atuais. Aqui a série compreende, através da percepção de Saul, que se assusta ao ouvir o termo utilizado, que as agências de segurança estariam dispostas a tudo para justificar a Guerra ao Terror, inclusive bombardear uma escola e omitir essa informação dos cidadãos estadunidenses e do resto do mundo. Estes era subordinado de Saul naquela época, estava presente durante essa decisão, e não contou para Saul o ocorrido. Saul quer entender o porquê.

> **Estes:** O mundo mudou debaixo do seu nariz, Saul. [...] Nós estamos prestes a projetar a potência da América agora, degradando a Al-Qaeda militarmente. Se quer brincar de espionagem, alie-se aos alemães e franceses.
>
> **Saul:** Eu estou tentado a pegar o telefone e ligar para o *New York Times* nesse momento.
>
> **Estes:** Você não fará isso. Sabe por quê? Porque contar ao mundo que matamos 82 crianças de propósito colocaria em perigo todos os seus oficiais em campo, sem falar dos soldados americanos em campo. Você estaria dando ao inimigo o maior trunfo desde Abu Ghraib.

Em uma conversa com Abu Nazir, Brody mente, explicando que não seguiu com o plano porque o colete falhou. Brody diz que ele está mais perto do próximo presidente dos EUA e que talvez eles devessem mudar os planos perante esse novo cenário onde Brody poderia influenciar a política nos altos escalões. Nazir interessa-se pelo plano, pois seria melhor matar uma ideia do que um homem. Eles seguem com a parceria enquanto a série nos mostra, mais uma vez, como as guerras assimétricas, entre Estados e

CULTURA POPULAR, ESTÉTICA E SEGURANÇA NACIONAL:
A CONSTRUÇÃO DE AMEAÇAS E INIMIGOS NA SÉRIE HOMELAND (2010-2018)

atores não estatais, funcionariam ao mostrar como Abu Nazir exploraria as suas vantagens qualitativas.

Ao sair da prisão, Carrie, achando que Brody não era um cavalo de Tróia porque não participou do atentado no evento do vice-presidente, pede para ser internada, pois percebe que estava em sua fase maníaca da bipolaridade e que sua paranoia com Brody era uma consequência de sua doença. Um dos tratamentos que Carrie concorda em receber é a terapia eletroconvulsiva, que é um método utilizado em situações extrema para tratar alguns transtornos psiquiátricos. Saul está na sala com ela e conta que o filho de Abu Nazir possivelmente teria sido morto no atentado que, até então, Saul não tinha conhecimento. No entanto, antes de ficar completamente inconsciente pelo efeito da anestesia, aplicado antes da terapia, Carrie lembra-se que Brody, enquanto dormia no dia que ficaram juntos na cabana, citou o nome Issa várias vezes durante um pesadelo. A agente lembra, segundos antes de ficar inconsciente, que Issa era o filho de Abu Nazir, então Brody teria sim tido um contato mais próximo com o integrante da al-Qaeda, a ponto de conhecer seu filho pessoalmente. A série acaba com Carrie desacordada, sussurrando para os médicos o nome Issa e pedindo para lembrá-la disso quando acordasse.

Na subseção a seguir, faremos o mesmo exercício, porém com a NSS de 2017 e a sétima temporada de *Homeland* de forma a estabelecer a variação no tempo.

3.3 A análise da NSS de 2017 de Donald Trump

Agora sob nova administração após a eleição de Donald Trump em 2016, indagamos qual a concepção que a NSS de 2017 tinha dos interesses nacionais dos EUA a partir de 2017. Logo na primeira página da NSS de 2017, temos a informação de que "a Estratégia Nacional de Defesa coloca a América em primeiro lugar" (United States, 2017, p. 1). Esse é o tom que permeia toda a NSS a partir de então. Esse discurso é justificado pois

> Uma América que é segura, próspera e livre em casa é uma América com força, confiança e vontade de liderar no exterior. É uma América que pode preservar a paz, defender a liberdade e criar vantagens duradouras para o povo americano. Colocar a América em primeiro lugar é o dever de nosso governo e a base para a liderança dos EUA no mundo. Uma América forte é do interesse vital não apenas do povo

americano, mas também daqueles ao redor do mundo que desejam fazer parceria com os Estados Unidos na busca de interesses, valores e aspirações compartilhados (United States, 2017, p. 1).

Durante o documento, podemos observar a narrativa de que os interesses estadunidenses no mundo se voltariam em torno de fortalecer os EUA internamente, pois, para a NSS de 2017, "a paz, a segurança e a prosperidade dependem de nações fortes e soberanas que respeitem seus cidadãos em casa e cooperem para promover a paz no exterior" (United States, 2017, p. 1). Para o documento, proteger a soberania estadunidense é o que permitiria sustentar a paz e a liberdade dos EUA, em primeiro lugar e, como consequência, concederam ao país as conquistas e a posição de líderes mundiais que teriam obtido, com "vitórias militares, triunfos políticos e econômicos, baseados em economias de mercado e comércio justo, princípios democráticos e parcerias de segurança compartilhadas" (United States, 2017, p. 2). Dessa forma, a NSS

> Começa com a determinação de proteger o povo americano, o jeito americano de vida e os interesses americanos. Os americanos há muito reconhecem os benefícios de um mundo interconectado, onde a informação e o comércio fluem livremente. Engajar-se com o mundo, no entanto, não significa que os Estados Unidos devam abandonar seus direitos e interesses como Estado soberano ou comprometer sua segurança. A abertura também impõe custos, pois os adversários exploram nosso sistema livre e democrático para prejudicar os Estados Unidos (United States, 2017, p. 7).

Para a NSS de 2017, "proteger os interesses americanos exige que continuamente lutemos dentro e por meio das disputas que estão ocorrendo em regiões ao redor do mundo. Os resultados dessas disputas influenciarão a força política, econômica e militar dos EUA e de nossos aliados" (United States, 2017, p. 26). Isso porque colocar a América em primeiro lugar celebraria "a influência dos EUA no mundo como uma força positiva que pode ajudar a estabelecer as condições para a paz e a prosperidade e para o desenvolvimento de sociedades bem-sucedidas" (United States, 2017, p. 37). O documento diz apresentar "uma visão estratégica para proteger o povo americano e preservar nosso modo de vida, promover nossa prosperidade, preservar a paz por meio da força e promover a influência americana no mundo" (United States, 2017, p. II).

Para isso, o documento destaca quatro interesses nacionais vitais: proteger o povo estadunidense, promover a prosperidade estadunidense, preservar a paz por meio da força e avançar a influência estadunidense no mundo. Podemos notar que a iniciativa de proteger a soberania do país é bastante relacionada a impedir que os demais países explorem a liderança estadunidense no mundo para benefícios exclusivamente próprios, bem como a reforçar sua força política econômica e militar. Por isso, fortalecer os EUA significaria estar pronto para evitar as ameaças, que o país percebe, a essa soberania.

Em seguida, identificamos quais foram as ameaças identificadas pelo novo governo aos interesses nacionais. Conforme já demonstrado no Quadro 1, percebemos, já na introdução da NSS de 2017, uma hierarquia em suas percepções das ameaças à segurança nacional. A primeira ameaça seriam os chamados regimes desonestos ("rogue"), a segunda dar-se-ia em relação ao terrorismo, e a terceira refere-se diretamente à Coreia do Norte e ao Irã.

Essa percepção se daria uma vez que "regimes desonestos estavam minando agressivamente os interesses americanos em todo o mundo. Grupos terroristas islâmicos radicais estavam florescendo [...]. [E] potências rivais estavam minando agressivamente os interesses americanos em todo o mundo" (United States, 2017, p. I). Para a NSS de 2017,

> A China e a Rússia desafiam o poder, a influência e os interesses americanos, tentando corroer a segurança e a prosperidade americanas. Eles estão determinados a tornar as economias menos livres e menos justas, aumentar suas forças armadas e controlar informações e dados para reprimir suas sociedades e expandir sua influência. Ao mesmo tempo, as ditaduras da República Popular Democrática da Coréia e a República Islâmica do Irã estão determinadas a desestabilizar regiões, ameaçar os americanos e nossos aliados e brutalizar seu próprio povo. Os grupos de terroristas jihadistas a organizações criminosas, de ameaça transnacional, estão tentando ativamente prejudicar os americanos. [...] **Atores rivais usam propaganda e outros meios para tentar desacreditar a democracia. Eles promovem visões antiocidentais e espalham informações falsas para criar divisões entre nós, nossos aliados e nossos parceiros** (United States, 2017, p. 2-3, grifo nosso).

Assim, o documento projeta três principais conjuntos de ameaças e inimigos aos seus interesses, que seriam "as potências revisionistas da China e da Rússia, os Estados párias do Irã e da Coreia do Norte e organizações de ameaças transnacionais, particularmente terroristas jihadistas" (United States, 2017, p. 25). Para o documento, "a China e a Rússia querem moldar um mundo antiético aos valores e interesses dos EUA" (United States, 2017, p. 25). Sobre as potências revisionistas, o documento cita os Estados da China e da Rússia. Seu argumento se baseia na ideia de que "a China procura colocar a região em sua órbita por meio de investimentos e empréstimos liderados pelo Estado" (United States, 2017, p. 51), enquanto "a Rússia continua com a sua política fracassada da Guerra Fria" (United States, 2017, p. 51), que financiaria seus aliados radicais. Sobre a China, o documento prossegue:

> A China procura deslocar os Estados Unidos na região do Indo-Pacífico, expandir o alcance de seu modelo econômico dirigido pelo Estado e reordenar a região ao seu favor. [...] Ao contrário de nossas esperanças, a China expandiu seu poder às custas da soberania de outros. A China coleta e explora dados em uma escala incomparável e divulga características de seu sistema autoritário, incluindo corrupção e uso de vigilância. Está construindo as forças armadas mais capazes e bem financiadas do mundo, depois das nossas. [...] Parte da modernização militar e da expansão econômica da China se deve ao seu acesso à economia de inovação dos EUA, incluindo universidades americanas de classe mundial (United States, 2017, p. 25).

Já sobre a Rússia, o documento explora que

> A Rússia busca restaurar seu status de grande potência e estabelecer esferas de influência perto de suas fronteiras. [...] A Rússia visa enfraquecer a influência dos EUA no mundo e nos separar de nossos aliados e parceiros. A Rússia vê a Organização do Tratado do Atlântico Norte (NATO) e a União Europeia (EU) como ameaças. A Rússia está investindo em novas capacidades militares, incluindo sistemas nucleares que continuam sendo a ameaça existencial mais significativa para os Estados Unidos, e com capacidades cibernéticas desestabilizadoras. Por meio de formas modernizadas de táticas subversivas, a Rússia interfere nos assuntos políticos internos de países ao redor do mundo. A combinação da ambição Russa com as crescentes capacidades militares cria

uma fronteira instável na Eurásia, onde o risco de conflito devido ao erro de cálculo russo está crescendo (United States, 2017, p. 25-26).

Acerca dos chamados Estados párias do Irã e da Coreia do Norte, o documento prossegue:

> O regime iraniano patrocina o terrorismo em todo o mundo. Está desenvolvendo mísseis balísticos mais capazes e tem potencial para retomar seu trabalho em armas nucleares que podem ameaçar os Estados Unidos e nossos parceiros. A Coreia do Norte é governada por uma ditadura implacável, sem consideração pela dignidade humana. Por mais de vinte e cinco anos, perseguiu armas nucleares e mísseis balísticos, desafiando todos os compromissos que assumiu. Hoje, esses mísseis e armas ameaçam os Estados Unidos e nossos aliados (United States, 2017, p. 26).

Já sobre o terrorismo e atores não estatais, a NSS de 2017 aponta que

> Os Estados Unidos continuam a travar uma longa guerra contra grupos terroristas jihadistas como o Estado Islâmico e a Al-Qaeda. Esses grupos estão ligados por uma ideologia islâmica radical comum que encoraja a violência contra os Estados Unidos e nossos parceiros [...]. Embora os Estados Unidos e nossos parceiros tenham infligido derrotas ao Estado Islâmico e à Al-Qaeda na Síria e no Iraque, essas organizações mantêm alcance global com filiais estabelecidas em locais estratégicos (United States, 2017, p. 26).

Por fim, cabe, também, citar ameaças percebidas dentro dos EUA que, para a NSS de 2017, também enfraqueceriam a segurança nacional, como a porosidade das fronteiras e leis de imigração fracas, que criariam vulnerabilidades para os EUA; cartéis que comercializavam drogas para dentro dos EUA; bem como o enfraquecimento da economia estadunidense por conta de práticas desleais que desfavoreciam a exportação.

E quais foram as respostas oferecidas pela NSS de 2017 para combater essas ameaças? O documento aponta as suas percepções de maiores interesses para a segurança e como lidar com elas. Começando com os interesses de uma Estratégia de Segurança Nacional que colocaria os EUA em primeiro lugar, a NSS de 2017 vê como suas principais responsabilidades proteger o povo estadunidense, a pátria e o modo de vida estadunidense; promover a prosperidade estadunidense; preservar a paz por meio da força; e avançar a influência estadunidense (United States, 2017).

Já com o objetivo de proteger as fronteiras dos EUA e seu território, o documento aponta que seria preciso algumas ações. Primeiro, defender-se das armas de destruição em massa, aumentando a defesa antimísseis, detectando e interrompendo as armas de destruição em massa, aumentar as medidas de contra proliferação das armas de destruição em massa e direcionar as ações antiterroristas sobretudo contra os terroristas com acesso às armas de destruição em massa. Já em relação a fortalecer a política de controle de fronteiras e imigração, a NSS de 2017 tem como ações prioritárias aumentar a segurança das fronteiras, melhorar a verificação de imigrantes, visitantes e refugiados, aplicar leis mais eficazes de imigração, bem como reforçar a segurança no transporte por meio das fronteiras (United States, 2017).

Partindo para o combate às bioameaças e pandemias, o documento sugere detectar em suas fontes as bioameaças e contê-las, apoiar a inovação biomédica e melhorar a resposta de emergência nesses casos (United States, 2017).

Para detectar as ameaças em suas fontes, a NSS de 2017 aponta para a necessidade de derrotar terroristas jihadistas, por meio de ações como a interrupção de planos terroristas, utilizando as forças armadas como ação direta, eliminar os paraísos seguros para os terroristas, utilizar severas fontes de força, compartilhar essa responsabilidade com outros países, sobretudo seus aliados, e combater o recrutamento e a radicalização em suas comunidades. Já com o objetivo de desmantelar organizações criminosas nacionais, o documento prevê melhorar o planejamento estratégico e a inteligência, defender suas comunidades, orientar a defesa para ter como alvos prioritários os líderes das organizações e suas infraestruturas de apoio, e utilizar a força cibernética contra os mesmos (United States, 2017).

Reforçando a questão cibernética, que ajudaria a manter os EUA seguros, a NSS de 2017 prevê como diretrizes priorizar a identificação dos maiores riscos, onde apontam seis principais áreas, que seriam "segurança nacional, energia e poder, bancos e finanças, saúde e segurança, comunicações e transporte" (United States, 2017, p. 13), bem como modernizar sua própria capacidade de tecnologia da informação, com o objetivo de construir redes governamentais defensáveis, deter e destruir ciberatores maliciosos, melhorar o compartilhamento e sensibilização de informações, e implementar defesas em camadas, contando com as parcerias público-privadas (United States, 2017).

CULTURA POPULAR, ESTÉTICA E SEGURANÇA NACIONAL:
A CONSTRUÇÃO DE AMEAÇAS E INIMIGOS NA SÉRIE HOMELAND (2010-2018)

Na questão do ciberespaço, a NSS de 2017 propõe promover a capacidade de uma resposta rápida a ataques cibernéticos, aprimorar as ferramentas e experiência cibernéticas, bem como melhorar a integração e a agilidade contra adversários, caso necessário. Em um âmbito similar, o documento aponta as diretrizes para promover as capacidades da Inteligência, que seriam melhorar a compreensão, com o objetivo de não ficarem vulneráveis ao roubo de informações confidenciais, aproveitar todas as informações à disposição, bem como extrair informações derivadas dos domínios do cenário geopolítico que os EUA teriam (United States, 2017).

Para promover a resiliência do povo estadunidense, o documento sugere melhorar a gestão de risco, construir uma cultura de preparação, melhorar o planejamento e incentivar o compartilhamento de informações, com o objetivo de resistir e se recuperar rapidamente de ataques, bem como ajudar os próprios cidadãos a criarem resiliência diante dessas adversidades (United States, 2017).

A administração de Trump também aponta como a questão econômica é relacionada à segurança, ou insegurança, do país, visto a crise de 2008 com a qual a administração anterior, de Barack Obama, teve que lidar. Dessa forma, com o objetivo de fortalecer a economia doméstica, a NSS de 2017 propõe reduzir os encargos regulatórios, que sufocariam o crescimento, promover uma reforma tributária, melhorar a infraestrutura estadunidense, e reduzir a dívida nacional por meio da responsabilidade fiscal. No mesmo âmbito, visando promover relações econômicas livres, justas e recíprocas, o documento tem como diretrizes adotar novos acordos comerciais e de investimento, ao mesmo tempo que modernizaria os já existentes, ser contra as práticas de comércio desleal, contra a corrupção estrangeira, procurar relações econômicas apenas com parceiros que possuem o mesmo ideal de uma ordem econômica justa, bem como facilitar novas oportunidades de mercado (United States, 2017).

A preocupação com a liderança dos EUA em pesquisa, tecnologia e inovação também aparece nas diretrizes da NSS de 2017, e inclui compreender as tendências de ciência e tecnologia no mundo, atrair e reter inventores e inovadores, aproveitar o capital privado e a experiência estadunidense com ciência e tecnologia para construir e inovar nesse âmbito, bem como acelerar as invenções e novações no campo de forma rápida. Ao mesmo tempo, há uma preocupação em proteger a base nacional de inovação e segurança nos EUA. Nesse sentido, o documento propõe compreender quais seriam os desafios para tal, proteger a propriedade intelectual, tornar-se mais rigoroso em relação aos vistos de estudantes que poderiam levar o conhecimento adquirido nos EUA para seus países, sobretudo quando esses países não são aliados aos EUA, bem como proteger dados e estruturas adjacentes (United States, 2017).

A NSS de 2017 também aborda a questão do domínio da energia, com o objetivo de que os EUA sejam os líderes no combate de uma agenda energética anticrescimento dos países. Nesse sentido, visam reduzir as barreiras que "dificultam a produção de energia e restringem o crescimento econômico" (United States, 2017, p. 23), bem como promover exportações, garantir a segurança energética, obter o acesso universal à energia, e promover o avanço tecnológico dos EUA em relação ao domínio da energia (United States, 2017).

Em relação às vantagens competitivas dos EUA frente à geopolítica, o documento propõe renovar os recursos militares do país, modernizando-os, adquirindo mais recursos, aumentando a capacidade, melhorando a prontidão para agir rapidamente em caso de ataques, bem como contar com a cooperação interagência sobretudo para o caso de guerras assimétricas. No mesmo sentido, sugere fortalecer a base industrial de defesa, compreendendo seus pontos fracos para saná-los, incentivando o investimento nos EUA e protegendo e aumentando as habilidades críticas especializadas e de alta tecnologia, "por meio de maior apoio a escolas técnicas e programas de aprendizagem" (United States, 2017, p. 30). Em relação às forças nucleares, as ações prioritárias seriam sustentar as armas nucleares, modernizar seu núcleo e infraestrutura, e manter a dissuasão contra os inimigos que também poderão fazer o mesmo, aumentando suas capacidades relacionadas às forças nucleares (United States, 2017).

Em relação à diplomacia e ao Estado, o documento propõe uma diplomacia mais competitiva, preservando uma presença diplomática avançada, avançando os interesses estadunidenses, catalisando oportunidades, reforçando os laços econômicos com parceiros, implementando pressões econômicas sobre ameaças de segurança, a fim de resolver os problemas que podem ser resolvidos pela diplomacia sem envolver ações militares, e trabalhar para restringir as fontes de financiamento de atores que promovem atos e operações hostis. Na questão da informação de Estado, priorizar a competição, conduzir comunicações eficazes, ativar redes locais, pois seriam mais eficazes em competições ideológicas, partilhar a responsabilidade de promover visões de mundo mais tolerantes e pluralistas.

A NSS de 2017 também fala sobre incentivar os aspirantes a parceiros, como países em desenvolvimento e Estados frágeis, ao mesmo tempo que tentariam alcançar melhores resultados em fóruns multilaterais, por meio, por exemplo, do exercício da liderança em política e segurança, e desempenhando um papel de liderança em Instituições e fóruns com ações equivalentes ao apoio da dignidade dos indivíduos, por meio da derrota de organizações terroristas transnacionais, pelo empoderamento de mulheres e jovens, pela proteção de minorias e pela redução do sofrimento humano (United States, 2017).

A NSS de 2017 também destaca suas preocupações com a segurança por meio de regiões. No Indo-Pacífico, as ações políticas, econômicas e militares seriam presentes para combater as ameaças sobretudo da China e da Coreia do Norte (United States, 2017). Na Europa, para onde a China também estaria se expandindo, temos também a ameaça russa. Nesse ambiente, os EUA dispõem-se a contar com seus parceiros e aliados que compartilham valores em comum para lidar com tais ameaças e inimigos para a segurança, bem como fortalecer a aliança com a Otan, que está presente na região. Isso porque, no caso da Rússia, em específico, para o documento:

> Embora a ameaça do comunismo soviético tenha desaparecido, novas ameaças testam nossa vontade. A Rússia está usando medidas subversivas para enfraquecer a credibilidade do compromisso dos Estados Unidos com a Europa, minar a unidade transatlântica e enfraquecer as instituições e governos europeus. Com suas invasões da Geórgia e da Ucrânia, a Rússia demonstrou sua disposição de violar a soberania dos Estados na região. A Rússia continua a intimidar seus vizinhos com comportamentos ameaçadores, como postura nuclear e a implantação avançada de capacidades ofensivas (United States, 2017, p. 47).

No Oriente Médio, que teria sofrido durante anos com "os problemas interconectados da expansão iraniana, colapso do Estado, ideologia jihadista, estagnação socioeconômica e rivalidades regionais" (United States, 2017, p. 48), o documento fala sobre derrotar o ISIS e a al-Qaeda e controlar a ameaça do Irã, fortalecendo e criando novas parcerias políticas, incentivando os Estados da região que lutam contra esses mesmos inimigos, como o Egito e a Arábia Saudita, e mantendo a presença militar estadunidense na região, se necessário. Por fim, na Ásia Central e do Sul e na África, os esforços deveriam se voltar em torno de combater as ameaças terroristas (United States, 2017).

Finalmente, como a NSS de 2017 justificou as respostas políticas a essas ameaças? Logo na segunda página da introdução do documento, assinada por Donald Trump, temos a resposta de que "acima de tudo, serviremos ao povo americano e defenderemos seu direito a um governo que priorize sua segurança, sua prosperidade e seus interesses" (United States, 2017, p. II). Esse seria o tom que permearia as justificativas das diretrizes da NSS.

Com o slogan de sua campanha tendo sido "Fazer a América Grande Novamente", a narrativa da NSS de 2017 se mantém na ideia de que fortalecer a soberania estadunidense seria uma condição para proteger os quatro maiores interesses nacionais que abordamos anteriormente, sendo eles proteger o povo, a pátria e o modo de vida estadunidense, promover a prosperidade estadunidense, preservar a paz por meio da força e avançar a influência estadunidense no mundo. Esse fortalecimento serviria para que o modo de vida estadunidense não fosse ameaçado. Diferente das diretrizes para responder às ameaças e inimigos, podemos responder a essa última questão com as ideias supracitadas, pois as respostas às ameaças se voltam a fortalecer os EUA.

Assim, temos um discurso final na NSS de 2017 que traduz a justificativa que o país dá para as ameaças percebidas e para as diretrizes para lidar com essas ameaças, sendo ele:

> A Estratégia de Segurança Nacional celebra e protege o que prezamos: liberdade individual, estado de direito, sistema democrático de governo, tolerância e oportunidades para todos. Conhecendo a nós mesmos e ao que defendemos, esclarecemos o que devemos defender e estabelecemos princípios norteadores de nossas ações. Esta estratégia é guiada pelo realismo principiado. É realista porque reconhece o papel central do poder na política internacional, afirma que os Estados soberanos são a melhor esperança para um mundo pacífico e define claramente nossos interesses nacionais. Tem princípios porque se baseia no conhecimento de que o avanço dos princípios americanos difunde a paz e a prosperidade em todo o mundo. Somos guiados por nossos valores e disciplinados por nossos interesses.

> [...] Nossa nação deriva sua força do povo americano. Cada americano tem um papel a desempenhar neste grande esforço nacional para implementar esta Estratégia de Segurança Nacional que coloca a América em primeiro lugar. Juntos, nossa tarefa é fortalecer nossas famílias, construir nossas comunidades, servir nossos cidadãos e celebrar a grandeza americana como um exemplo brilhante para o mundo. Deixaremos aos nossos filhos e netos uma nação mais forte, melhor, mais livre, mais orgulhosa e maior do que nunca (United States, 2017, p. 55).

A seguir, veremos se e de que forma a temporada de 2018 de *Homeland* teria refletido a variação introduzida pela NSS de 2017 no que tange a política de segurança nacional dos EUA.

3.4 A análise da temporada de 2018 de *Homeland*

Prosseguindo com nosso exercício, indagamos de que forma a temporada de 2018 de *Homeland* representava os interesses dos EUA no mundo. Diferentemente da primeira temporada, a sétima temporada dá continuação às histórias das temporadas anteriores. Precisamos pontuar que uma mulher, Elizabeth Keane (Elizabeth Marvel), havia se tornado presidente dos EUA. Um apresentador de um *podcast*, chamado *A Verdade Real*, Brett O'Keefe (Jake Weber), acaba ganhando grande fama e audiência ao abordar temas da *alt-right*[80] estadunidense, ganhando uma legião de apoiadores, e portando-se contra a administração da presidente, ao enfatizar que a crise nos EUA não seria institucional, mas sim beirava o início de uma guerra civil, por conta das discordâncias entre apoiadores e divergentes da política do atual governo. A própria presidente acaba se envolvendo em litígios com Agências de Inteligência, uma vez que, sobretudo sua política externa, estava indo contra os interesses a longo prazo dessas agências, como a própria CIA. A Presidente sofre um atentado, onde Carrie ajuda a salvá-la. Após isso, a Presidente autoriza, orientada pelos seus conselheiros políticos, a prisão de pessoas do alto escalão político, que desconfiam que estavam por trás do atentado mencionado, o que faz com que perca ainda mais o apoio das próprias Agências, da opinião pública, e de Carrie, que era uma espécie de conselheira política da presidente Keane. É nesse cenário que a sétima temporada tem início.

---

[80] Um conjunto de pessoas de extrema-direita religiosas, com ideais conservadores, supremacistas e antissemitas.

Episódio 1 – *Inimigo de Estado*: O episódio tem início com a mídia informando os espectadores acerca das prisões efetuadas em nome da presidente, entre elas, a de um jornalista do *The Post*, acusado de publicar informações confidenciais. Então ficamos sabendo que até então cerca de 200 pessoas haviam sido presas para a investigação em torno do ataque a Presidente. Carrie assiste ao noticiário com desprezo. Carrie agora tem uma filha, fruto de seu relacionamento com Brody, que está morto, e mora com sua irmã Maggie (Amy Hargreaves).

Fingindo levar uma vida normal, Carrie continua envolvida em tramas políticas, mesmo não estando trabalhando para o governo ou para uma Agência, junto a Max Piotrowski (Maury Sterling), um personagem secundário da primeira temporada da série que atuava como o ajudante nas instalações de vigilância clandestinas de Carrie. Mais uma vez, Carrie, com a ajuda de Max, consegue instalar um núcleo de vigilância, como fez com Brody na primeira temporada, mas agora com David Wellington (Linus Roache), Chefe de Estado do governo. Carrie está disposta a expor as incoerências da investigação acerca do atentado a Presidente, pois considera o ato um dos maiores abusos dos direitos civis na história estadunidense. Aqui a série nos mostra que a segurança estadunidense estaria ameaçada por tramas internas.

Enquanto isso, a Presidente comparece a uma audiência de Pronúncia de Sentença, localizada no arsenal da Marinha. Ao pedir para todos se sentarem, um General da Marinha, Jamie McClendon (Robert Knepper), acusado de assassinato e conspiração por estar envolvido no atentado, permanece em pé. Após uma segunda ordem, McClendon senta-se. A Presidente afirma que, no dia do atentado, não apenas ela mesma ou o Gabinete da presidência foram atacados, mas a própria democracia estadunidense em si, e diz que, inclusive, nos EUA, pessoas podem ser condenadas à pena de morte por isso. Essa é uma trama que irá permear a série, com questões que envolvem mais a segurança nacional do que a preocupação com o que os países aliados e parceiros pensam acerca das atitudes da presidente, vistas como autoritárias.

O'Keefe, o apresentador do *podcast* apoiado pela *alt-right*, está fugindo há dois meses por ter um mandado de prisão em seu nome. Nesse meio-tempo, o apresentador encontra abrigo em locais onde apoiadores o encontram, e continua diariamente a transmitir o seu programa e a propagar ideias contra o governo da presidente Keane. Em um desses abrigos, O'Keefe é encurralado pela polícia local, mas, diferente do que achava, os policiais estavam lá para ajudá-lo a escapar da polícia federal, que estaria chegando ao local. A série mostra-nos, aqui, que até as forças de segurança, que deveriam ser imparciais, estão preocupadas com a agenda antiguerra da presidente, assim como O'Keefe, que tiraria os EUA do caminho de serem um líder internacional forte, que utiliza de suas forças armadas para conseguir alcançar o seu status de potência e soberania. A paranoia estadunidense contra o terrorismo fica em segundo plano na sétima temporada da série, dando lugar aos imbróglios internos que levariam à insegurança.

Na prisão, onde Saul Berenson está detido, suspeito de participar do atentado contra a Presidente, David Wellington oferece o cargo de Conselheiro de Segurança Nacional para ele, como forma de apaziguar o impacto das prisões na opinião pública, que diz que aceitaria com a condição de que não apenas ele fosse liberado, mas também todos os que foram presos.

O episódio termina com o General da Marinha, Jamie McClendon, morrendo na prisão.

Episósdio 2 – *Rebelde, Rebelde*: O episódio tem início com a repercussão da morte do General. O'Keefe aproveita a oportunidade de fomentar em seu programa a suspeita de que o General não teria morrido de um ataque cardíaco, como foi informado, pois sua saúde seria perfeita. O'Keefe levanta a informação de que o guarda da cela do General cresceu no mesmo quarteirão que David, chefe de gabinete da presidente, criando uma teoria da conspiração de que haveria um complô que teria levado o General à morte. Uma das características da *alt-right* é ter em comum ideias conspiracionistas que envolvem o governo em geral; aqui a série nos mostra isso. O'Keefe, agora, está hospedado em uma propriedade que faz parte de uma comunidade que se identifica com seus ideais.

Enquanto isso, David Wellington revela para a Presidente a sua ideia de soltar as 200 pessoas presas e tornar Saul um aliado do governo, para que assim a opinião pública fique mais favorável ao governo. A Presidente aceita e Saul se torna Conselheiro de Segurança Nacional. David diz que Saul precisa ser um parceiro do governo, para que os imbróglios que estão ocorrendo internamente cessem e o governo possa trabalhar para fazer o país avançar. Dessa forma, a Presidente faz um discurso público apresentando Saul como seu novo Conselheiro de Segurança Nacional, e informando que os 200 presos serão soltos. Em seu discurso, Saul diz:

Saul: Não podemos deixar que os eventos recentes prejudiquem o trabalho desta nação. Nós ainda somos uma nação. Não estamos em guerra [inaudível] [...]. Nós temos inimigos reais no planeta. E enquanto brigamos, eles ganham terreno. Quando atacamos o próprio governo, eles festejam. Estou animado para fazer parte da equipe [inaudível] [...] e [ajudar a alcançar] os interesses do povo americano e direcionar toda a nossa atenção para os problemas reais. Eu quero deixar claro: a América em primeiro lugar.

Após o pronunciamento, David comunica a Saul que O'Keefe seria um problema de segurança nacional com o qual precisaria ser lidado, que encarava isso como a caça a um terrorista, e que Saul estaria no comando dessa operação. Esses últimos acontecimentos da série nos reforça a ideia de que um inimigo interno, seja um apresentador que espalha ideias contra o governo, ou mesmo uma conspiração contra o próprio governo, seriam grandes problemas de segurança nacional e impediriam o país de prosseguir com seus interesses internos, de um país seguro e próspero nacionalmente, e internacionais, com a força necessária para liderar no exterior.

Em outro cenário, Carrie, observando as câmeras de segurança implantadas a mando da mesma na casa de David, vê uma mulher entrar e escrever algo em um bilhete. Carrie, com o objetivo de identificar a mulher, entra em contato com um ex-colega de equipe, Dante Allen (Morgan Spector), um funcionário federal que estava trabalhando na equipe que estava interrogando os suspeitos do atentado, mas que não concordava com essas ações. Dante recusa-se a envolver-se nos assuntos que Carrie está trabalhando, mas recebe a foto da mulher de Carrie pelo telefone. À noite, enquanto olhava o site, uma rede social onde os usuários podem fazer publicações e interagir de forma anônima, ao publicar a foto da mulher que estava na casa de David e obter um comentário dizendo que o anônimo sabia quem era a pessoa da foto, Carrie acaba tendo o seu computador hackeado. O hacker pede que ela faça uma transferência por meio de *bitcoins*, uma moeda virtual de difícil rastreamento, do contrário, ele publicaria o conteúdo que estaria no computador de Carrie, que para ela, seria catastrófico. Nesse ponto, a série começa a abordar a questão do espaço cibernético e seus perigos. Carrie marca um encontro com o hacker e, depois de uma luta corporal, consegue ter seus dados recuperados.

Prosseguindo, a Presidente encontra-se com o senador Sam Paley (Dylan Baker) para discutir acerca de um grupo armado chamado Arizona

Border Recon, que estaria patrulhando ilegalmente as fronteiras do país, reforçando o tema da *alt-right*. A Presidente também diz para o senador Sam fechar a investigação do comitê que lidera acerca das condutas do governo e que também está interessada nas circunstâncias da morte do General. O senador nega.

Saul chega à pequena cidade onde O'Keefe está abrigado e vê, nas ruas, apoiadores do mesmo rechaçando o FBI. Saul diz que já havia visto isso antes em alguns dos lugares mais arruinados do planeta, como Iraque, Afeganistão e Síria, onde os cidadãos enfrentavam exércitos de governos que eles odiariam. Saul enfatiza que bastaria uma palavra errada, um movimento errado, para pessoas começarem a morrer. Aqui a série nos mostra a insegurança nacional de ter um país politicamente dividido, com acesso a armas, e como isso iria contra os interesses nacionais de fazer os EUA serem mais fortes internamente, para conseguirem prosperar no cenário nacional e internacional. Saul consegue a localização de O'Keefe.

Episódio 3 – *Empate*: Em uma reunião com membros das Forças Armadas, a Presidente é informada que Bashar al-Assad, presidente da Síria, estaria organizando uma ofensiva contra o Exército Livre da Síria, e que um suposto envio de armas para al-Assad estaria vindo do Irã. Os militares sugerem intervir o comboio, atingindo-o, antes que as armas cheguem ao seu destino. A Presidente nega a intervenção. Aqui, a séria insere os Estados da Síria e do Irã na trama.

Dante Allen vai até a casa de Carrie para contar as informações que havia descoberto sobre a mulher na casa de David Wellington. Ele informa à Carrie que a mulher era Simone Martin (Sandrine Holt), nascida em Paris, formada em Economia em Londres e havia conhecido David em Budapeste há quatro anos, e desde então se encontrava com ele. Simone trabalharia para uma ONG chamada Fundação da Democracia Internacional. Carrie, que estava relutante em continuar com sua busca por conta da sua saúde mental que havia piorado, aceita investigá-la, quando Dante informa que um veículo registrado no nome de Simone fora multado no dia 30 de março, a cinco quilômetros da prisão onde o General morreu, um dia antes de sua morte.

A trama segue com Carrie e Dante indo até a casa de Simone. Quando ela sai, Dante segue-a de carro, enquanto Carrie invade sua casa. Lá, Carrie encontra a multa mencionada, fotos de Simone com David e colhe informações do computador de Simone. No entanto, ao sair da casa, Carrie é abordada por policiais que receberam uma denúncia de que haveria uma pessoa invadindo um apartamento na rua. Carrie é detida, mas Dante a tira da prisão.

Saul encontra-se com O'Keefe e seus apoiadores, que estão armados. Saul percebe que entre eles há mulheres e crianças. Saul pede para que o apresentador se entregue e o mesmo nega, mas aceita conversar:

> **O'Keefe**: Você não tem nada melhor para fazer? Derrotar o Estado Islâmico, levar a paz ao Oriente Médio?

> **Saul**: A questão de segurança nacional mais urgente agora é você.

> **O'Keefe**: Eu? Sério? Uau. Só para ficar claro, tudo o que eu tenho feito é exercer os meus direitos da Primeira Emenda, pelos quais eu fui caluniado, perseguido, caçado...

> **Saul**: Que tal descer desse cavalo branco? Só estamos nós dois aqui.

> [...]

> **Saul**: Não sou eu quem está infringindo a lei [...]. Não é o que você tem feito?

> **O'Keefe**: Gosto de achar que estou preenchendo um vazio, aquele deixado pelos mortos vivos e pela mídia decrépita.

> **Saul**: Você é esperto. Não acredita realmente nisso.

> **O'Keefe**: Eu acredito. As pessoas estão raivosas.

> **Saul**: É o que você vive dizendo. Talvez elas ficassem um pouco menos raivosas e um pouco mais razoáveis se você parasse de propagar suas completas falsidades, teorias da conspiração. Você está envenenando a conversa.

> **O'Keefe**: Que conversa? Não temos uma conversa neste país há cinquenta anos. Não desde que essas pessoas foram enviadas para a Guerra no Vietnã. Não desde que suas crianças foram levadas para escolas no *gueto*. Não desde que nossos empregos foram mandados para o exterior. Não com os valores cristãos que prezam sendo destruídos e ridicularizados, em favor de cada garoto que pensa que é uma garota ou garota que pensa que é um garoto. Vão se ferrar.

> **Saul:** É justo. Cada uma das coisas que você mencionou vale a pena ser conversada, debatida. E ao invés disso, você está por aí, acusando a presidente de assassinar o General McClendon e clamando por uma revolução.
>
> **O'Keefe:** Bom, eu sirvo à minha audiência.
>
> **Saul:** Essa é sua resposta?
>
> **O'Keefe:** Esse é o jeito americano.

Após uma longa conversa, O'Keefe cede a Saul e diz que aceitaria se entregar com algumas condições, como a promessa de que as pessoas que o acolheram não seriam presas, e que ele tivesse um julgamento televisionado. No entanto, O'Keefe aceitou esses termos apenas para ganhar tempo, como garante sua companheira, ao fugir do acampamento e dizer para as forças táticas do FBI, que cercavam o local, que haveria pelo menos mais 30 pessoas armadas chegando ao local para apoiar O'Keefe. Ao saber da informação, David sugere que a Presidente utilize o ataque ao carregamento de armas para al-Assad como cortina de fumaça, para desviar a atenção da mídia do caso O'Keefe. A Presidente nega, dizendo que não mandaria explodir um comboio na Síria apenas para controlar o noticiário, e com o argumento de que as respostas a esse ataque poderiam levar até a uma guerra maior, inclusive com a Rússia. Nesse momento, o espectador é apresentado tanto às ameaças e aos inimigos para a segurança nacional, quanto aos interesses do governo da presidente de não se envolver em possíveis conflitos internacionais. No entanto, David, ao sair da reunião com a Presidente, liga para o General Rossen (Fredric Lehne) e mente dizendo que a Presidente teria aprovado a missão na Síria.

Com relação à identificação das ameaças, como elas foram representadas nessa temporada?

Episódio 4 – *Tipo Mal nas Coisas*: A Presidente vai até a casa de David e descobre que foi o mesmo que autorizou a operação. Carrie acompanha o diálogo por meio de seu sistema de vigilância. Ao terminar, Carrie vai até o local onde Simone levou a multa, perto da prisão onde o General morreu. Lá, ela descobre que Simone havia recebido no local 9.950 dólares, valor abaixo do limite declarável e sem dados do emissor. Basicamente irrastreável. No entanto, enquanto investiga os dados obtidos por Carrie do computador de Simone, Max descobre que Simone havia recebido cinco vezes a mesma quantia, por meio de casas de descontos de cheques, em diferentes locais que estavam na rota geográfica entre Washington e o local onde o General estava preso. O que dariam 50 mil dólares.

Um adolescente, que fazia parte do grupo que defendia O'Keefe é atingido pelas forças do FBI durante uma confusão no acampamento. O adolescente é levado para um hospital local, onde há uma grande cobertura midiática. Lá, um homem ainda não identificado se veste de médico e, escondido, tira fotos do garoto enquanto o mesmo estava sendo tratado. Em uma das fotos, os funcionários da saúde que estavam tratando do rapaz acabam não aparecendo. Esse homem manda um e-mail com essa foto para um contato desconhecido pelo espectador, com o título "FBI Deixa Rapaz Sangrar Até a Morte". Nesse momento, a série introduz-nos à questão das *fake news*. A imagem chega até o noticiário, que informa que o rapaz teria sido deixado sem atendimento e estaria morto, mostrando a imagem que estaria circulando nas redes sociais. Quando a notícia falsa chega até o acampamento onde O'Keefe está, as forças do FBI e o grupo armado entram em um confronto armado direto. O'Keefe é capturado.

Episódio 5 – *Medidas Ativas*: Após conversar com O'Keefe, Saul tem certeza de que ele não estava por trás da propagação em massa da *fake news*, que se traduziu em protestos populares no país. Em reunião com a Presidente e seus conselheiros sobre a situação, Saul pronuncia-se.

> **Saul:** Se O'Keefe não foi o responsável pela notícia falsa, e eu não acho que foi, nós precisamos considerar a possibilidade de que tenha vindo do exterior.
>
> **Conselheiro não identificado:** No exterior onde?
>
> **Saul:** Os suspeitos habituais.
>
> **Conselheiro não identificado:** Então vamos culpar os russos por isso também?
>
> **Saul:** Eu estou falando sobre guerra de informações.
>
> **Conselheira não identificada:** Há alguma prova real do envolvimento deles?
>
> **Saul:** Nada ainda, mas sei de alguns casos no Leste Europeu que parecem notavelmente semelhantes.
>
> [...]

> **Saul:** Quanto mais penso nisso, mais eu associo à Rússia.
>
> [...]
>
> **Saul:** É como eles agem, David. Exploram as divergências existentes onde as encontram.
>
> **David Wellington:** Entendo isso. Vamos primeiro tratar da crise, depois olharemos para a questão da Rússia, está bem?

Aqui a série apresenta a Rússia como um Estado que poderia estar agindo contra os EUA, utilizando as divergências já existentes no país para criar uma guerra de informações.

Saul vai até Wyoming visitar um informante russo, Ivan Krupin (Mark Ivanir), para quem conseguiu asilo político nos EUA. Saul conversa sobre uma situação que ocorreu em 2014, quando a mídia russa comunicou uma *fake news* de que soldados ucranianos haviam crucificado um menino como forma de punir seus pais, que seriam separatistas ucranianos, para inflamar a população russa com sentimentos antiucranianos, que teriam justificado a invasão russa à Ucrânia. Saul diz a Ivan que o *modus operandi* seria parecido com o que houve em Lucasville, quando a falsa morte do adolescente inflamou um massacre que poderia derrubar uma presidente. Saul diz que tem informações de que a Rússia estaria fortificando seus esforços para minar democracias no mundo inteiro e pergunta a Ivan o que ele sabe sobre um russo chamado Yevgeny Gromov e Ivan revela que ele foi o responsável pela história da crucificação do menino. Saul diz que ele está sumido do radar há dois anos, mas que dizem que ele criou as bases para o Brexit e que ajudou a repensar as Medidas Ativas para o que chamou de Geração Facebook, e desconfia que ele estaria envolvido com o que está acontecendo atualmente nos EUA. Ivan diz que às vezes uma crise doméstica é apenas uma crise doméstica. Ao ir embora, Saul pede para agentes de sua equipe manterem uma vigilância sobre Ivan.

Enquanto isso, Carrie recruta uma equipe de antigos parceiros e amigos de sua época como agente para lidar com a questão de Simone. O plano é assustá-la para que ela revele quem está por trás do dinheiro que recebeu e, possivelmente, da morte do General, que Carrie desconfia que seja David Wellington. Carrie enfatiza que não quer que utilizem de violência. A equipe coloca o plano em prática quando Simone fica sozinha no escritório onde trabalha. Quando entram, encontram Simone sozinha e, após prendê-la, a mulher admite que levou os 50 mil dólares até alguém com o objetivo de matar o General. Eles dispensam-na, fingindo que aquilo fazia parte de uma cobrança, pedindo que Simone consiga mais 100 mil dólares para eles. Pela vigilância ilegal que Carrie implantou na casa de David, apenas a ex-agente e Max conseguem ver e ouvir que Simone não contou o que ocorreu para David.

Um memorial para as vítimas do confronto será feito em uma igreja em frente ao Capitólio, organizado pelos habitantes da cidade de Lucasville onde o confronto aconteceu. David informa a Presidente que a multidão provavelmente será grande e ficará maior quando a cerimônia terminar. Como o estado da Virgínia autoriza o porte de armas, o conselheiro preocupa-se com o que pode acontecer, então as forças táticas serão reforçadas no local. A princípio, seria uma homenagem aos 14 mortos de Lucasville, mas a Presidente insiste que os cinco agentes do FBI que morreram no confronto também sejam homenageados; para ajudar nisso, a Presidente pede para que as viúvas dos agentes mortos compareçam ao memorial, para homenageá-los, assim como forma de passar uma mensagem de união, não de separação entre a população estadunidense. As três viúvas comparecem e há uma comoção quando são recebidas por uma das viúvas de um habitante de Lucasville que morreu no confronto. A marcha termina de forma pacífica e a multidão em frente ao Capitólio se dispersa, sem violência.

O episódio termina com um pronunciamento da presidente na televisão. Em seu discurso, ela diz que se comoveu ao ver as viúvas dos agentes do FBI serem acolhidas pela viúva de Lucasville no memorial. A Presidente Keane diz que não se pode permitir que o que os separam como indivíduos permaneça minando aquilo que os unem como um povo.

Episódio 6 – *Salto da Espécie*: Saul vai atrás de uma antiga amiga agente da CIA, que agora é professora, Sandy (Catherine Curtin), que está dando uma aula sobre a Guerra Fria, e diz que em outubro de 1957 aconteceu algo que impactou a mente coletiva e que levou a um pânico coletivo estadunidense: o Sputnik. Assim, a Defesa estadunidense de repente é considerada alvo fácil e vulnerável, uma vez que a União Soviética havia lançado o primeiro satélite ao espaço, levado por um foguete que possivelmente também poderia lançar uma ogiva nuclear. A Defesa estadunidense precisaria, então, gastar bilhões de dólares para se proteger, uma vez que as Agências de Inteligência estimaram que a força soviética possuiria 3 mil mísseis em suas plataformas de lançamento, em direção

CULTURA POPULAR, ESTÉTICA E SEGURANÇA NACIONAL:
A CONSTRUÇÃO DE AMEAÇAS E INIMIGOS NA SÉRIE HOMELAND (2010-2018)

aos EUA. No entanto, mais tarde foi-se descoberto que o número real era de quatro mísseis. Ao final da aula, Saul entra em contato com Sandy:

> **Saul**: Oi, Sandy. [...] Ainda entusiástica, posso ver.

> **Sandy**: Ninguém vai entender como erramos com o terrorismo se não entender como ferramos com a Guerra Fria.

Saul convida Sandy para tomar um café e pede sua ajuda para descobrir se Yevgeny Gromov, em nome da Rússia, seria o responsável pelo massacre em Lucasville. Sandy aceita. Ela e Saul começam uma força-tarefa junto a Clint Prower (Peter Vack), dizendo que o mesmo é o melhor cientista da informação da agência de defesa.

Com as informações que Carrie deu para o comitê que está investigando os atos da presidente, sobre a relação de Simone com David, Simone é indiciada pelo Comitê Judiciário do Senado para ser interrogada. Carrie pede para estar presente no interrogatório. Sua advogada pede que Simone tenha imunidade e serviço de proteção à testemunha antes de falar acerca do que sabe e fez. Simone acaba cooperando dizendo que foi pedida para sacar o dinheiro nos locais indicados e deixar em Hazelton, deixou o dinheiro em um local indicado, perto de onde ficava a prisão onde o General morreu. Simone diz que foi orientada a fazer isso por um funcionário de alto nome na Casa Branca. A partir de então, Simone só continuaria a ceder as informações mediante a imunidade e serviço de proteção.

Carrie tem certeza de que David não está envolvido na trama de Simone e se preocupa que ela o utilize como bode expiatório e marca um encontro com Saul, onde conta sobre toda a sua investigação, inclusive sobre a vigilância clandestina que colocou na casa de David. Saul discorda dos métodos de Carrie, mas tem um insight de que talvez o plano fosse mesmo para capturar Simone e incriminar David pelo assassinato do General. Saul também diz a Carrie que Dante pode fazer parte do plano. Saul acaba revelando a Carrie que está em uma operação de Inteligência para investigar o possível envolvimento da Rússia nos acontecimentos, que envolveriam Medidas Ativas contra a Presidente. Dessa forma, a série mostra-nos, a partir da perspectiva de Carrie, que os imbróglios que estão acontecendo nos EUA, que ameaçam a sua estabilidade interna e a própria democracia em si, podem ter sido causados por outro Estado.

Enquanto isso, vemos Ivan Krupin entrando em contato com uma mulher e em uma conversa sobre Ivan não poder estar ali, para não estragar o disfarce da mulher, descobrimos que o mesmo continua trabalhando para a Rússia, dentro de solo estadunidense, e que só deveria ser reativado no próximo ano, pois o FBI ainda estaria de olho nele. Ivan pede para falar com Yevgeny, pois os estadunidenses desconfiavam que ele estaria agindo nos EUA. Ivan encontra-se com Yevgeny e os dois conversam sobre Yevgeny ter sido descuidado ao reciclar algo que já havia feito. Ivan diz para ele parar, Yevgeny diz que responde apenas a Moscou.

> **Ivan:** A operação resultou na morte de americanos em solo americano. Nós não fazemos isso.
>
> **Yevgeny:** Desde quando?
>
> **Ivan:** Desde sempre. "Aquele que rola uma pedra terá a pedra rolada de volta a ele".
>
> **Yevgeny:** Não estou preocupado.
>
> **Ivan:** Deveria. A Presidente Americana está como um animal ferido. Se ela descobre que fomos nós, ela pode revidar de formas desagradáveis. Na Síria. Na Ucrânia.
>
> **Yevgeny:** Como eu disse, eu não estou preocupado [...]. Presto contas diretamente a Moscou.
>
> **Ivan:** Então eu informarei a Moscou do seu mau discernimento.
>
> **Yevgeny:** Nós não nos conhecemos, meu amigo. Mas está preso em uma cápsula do tempo. As velhas regras não se aplicam mais.
>
> **Ivan:** As velhas regras preservaram o mundo da própria destruição.
>
> **Yevgeny:** Foi o que ouvi dizer. O problema é que não acredito em uma palavra disso. Tudo o que eu vi destruído fomos nós.
>
> **Ivan:** Não tenha o seu cérebro lavado por sua própria propaganda. Já houve culpa o bastante.
>
> **Yevgeny:** Diga isso aos meus pais, que perderam tudo. Diga isso ao meu irmão, que morreu de tuberculose em um hospital em Yeltsin em 1998.

> **Ivan:** Isso foi há vinte anos. Uma Rússia diferente.

> **Yevgeny:** A sua Rússia. Esta [Rússia]? Esta é minha.

Nesse momento, a série mostra-nos a atual Rússia como um Estado revanchista, que quer, pelas novas formas qualitativas de conflitos como o uso da tecnologia da informação que o século XXI permite, retomar um status de potência em detrimento dos EUA.

Mais tarde, David encontra Simone acompanhada de sua advogada em um bar. Simone diz a David que eles devem ficar longe um do outro até as coisas se acalmarem. Simone diz, em voz alta, para David parar de ameaçá-la, dizendo que se isso continuar, ela vai chamar a polícia, e acaba forjando uma situação onde parece que David a agrediu. Ao final da cena, vemos que havia uma mulher não identificada no bar que filmou toda a cena.

Ao chegar ao local onde Sandy e Clint trabalham na operação, Clint apresenta algumas novas informações a Saul. Clint explica que a filmagem onde David parece estar ameaçando Simone já foi tão compartilhada que está nos noticiários. Clint explica que o *tweet*[81] com a filmagem de David já virou um meme[82], compartilhado por contas automatizadas que atingem contas de pessoas reais, que repassam o meme para outras pessoas, tornando-o viral. Mas Clint vai além e descobre que as mesmas contas que compartilharam o vídeo de David também compartilharam as *fake news* do adolescente supostamente deixado para morrer pelo FBI no hospital. Clint explica que isso ocorreu porque provavelmente o meme e as *fake news* foram lançadas pela mesma rede: a de Yevgeny. Aqui, a série informa como o espaço cibernético pode ser utilizado em uma guerra de informações.

Ivan tenta marcar um encontro com Saul, mas é capturado por Yevgeny e assassinado antes.

Carrie, desconfiando de Dante, marca um encontro no bar com sua equipe recrutada, incluindo Dante, para supostamente comemorar a missão bem-sucedida. Carrie acaba colocando algo na bebida de Dante, que adormece em sua casa. Assim, a equipe de Carrie entra e começa a

---

[81] *Tweet* é como é chamada a postagem de um usuário da rede social Twitter (hoje "X").

[82] A palavra meme, encurtamento da palavra *mimeme*, que no grego antigo significa "coisa imitada", foi cunhada pelo biólogo evolucionista Richard Dawkins (2007) para se referir à forma como ideias e fenômenos culturais ao serem disseminados podem moldar normas culturais. Na internet, meme é, geralmente, utilizado como uma expressão para uma ideia, uma imagem, que viraliza, transportando, assim como os genes que Dawkins estuda, essa imagem ou ideia para uma grande quantidade de pessoas.

procurar por informações sobre Dante no local. A paranoia de um inimigo dentro do próprio país que é uma ameaça ao país é, mais uma vez, explorada pela série.

Partiremos, agora, para o entendimento de quais foram as respostas dadas pela séria às ameaças identificadas na trama.

Episódio 7 – *Andante*: Saul conta a David que Simone é uma agente da agência militar russa e provavelmente vai dizer, na audiência, que quem deu o dinheiro e a ordem para assassinar o General foi David. O depoimento dela seria parte do esforço para derrubar a administração da Presidente. Saul vai até a casa de Max e diz que sabe que ele e Carrie estavam investigando clandestinamente David. Max confirma e diz que agora estão investigando Dante. Saul, então, leva-o para o local de sua força-tarefa e pede para que ele comece a investigar o que encontrou no computador de Dante ali. Após isso, Sandy conta a Saul que a ligação de Simone com a Rússia viria por meio de grandes oligarcas, íntimos do Kremlin, e que esporadicamente faziam doações para a ONG na qual Simone trabalha, ao mesmo tempo que são membros do Conselho da Organização Não Governamental. Eles chegam à conclusão, então, de que a Fundação Internacional da Democracia, a ONG, seria uma fachada dos russos para a lavagem de dinheiro, ao mesmo tempo que teria sido parte fundamental das medidas ativas contra os EUA. Novamente, a série enfatiza para o espectador mais formas de como os novos âmbitos advindos do progresso do século XXI dão chances para que tais meios sejam utilizados contra países. Uma ONG ser utilizada como uma fachada deveria, por isso, ser identificada o quanto antes, assim como os integrantes por trás dela.

Em uma conversa entre a Presidente e Saul, após a mesma ter contato com a informação de que os russos estariam por trás dos imbróglios acontecendo no país, ela indaga a Saul:

> **Presidente Keane:** Eles estão tentando me destruir.
>
> **Saul:** Com todo o respeito, senhora, estão tentando destruir o país. Costumava vir de São Petersburgo e Moscou, agora é da Avenida Pensilvânia, a três quarteirões da Casa Branca.

Saul e sua força-tarefa descobrem que Dante havia estado em alguns locais onde Simone estaria, no exterior, no mesmo período de tempo, então focam sua investigação em Dante. O episódio termina com uma força tática invadindo o apartamento de Dante e o prendendo. A prisão de Dante para um interrogatório seria justificada como uma resposta pelo suposto envolvimento dele com uma trama russa para minar a democracia estadunidense.

Episódio 8 – *Mentiras, Amplificadores, Twitter*: Saul leva Carrie até o local onde organizou sua força-tarefa, onde Dante está detido para interrogatório. Carrie convence Saul a deixá-la conduzir o interrogatório. Assim, Carrie interroga Dante, mostrando as provas da suposta relação entre ele e Simone, afirma que Dante tem trabalhado com Simone, uma agente do Estado russo, conspirando junto a ela para relacionar David à morte, agora compreendida como um assassinato, do General, com o objetivo de derrubar o governo da Presidente Keaton e minar a democracia estadunidense, e que só essas provas já poderiam levá-lo à prisão perpétua. Dante continua negando seu envolvimento e solicita a presença de um advogado. Assim, a série mostra ao espectador que qualquer suspeito de envolvimento contra a segurança nacional, aqui supostamente envolvido com as aspirações de outro Estado soberano, seria duramente punido.

David convida o embaixador russo para uma conversa. David informa que a Presidente consideraria o depoimento mentiroso de Simone perante o Comitê como um ato de hostilidade da Rússia, e o embaixador nega o envolvimento de seu país nessa trama. No entanto, David reafirma que o embaixador deve transmitir sua mensagem diretamente a Moscou. Nesse momento, a série envolve diretamente um ator que representa outro Estado na trama, mostrando que as informações obtidas pela Inteligência podem levar a ações diretas contra outro Estado.

Após isso, durante uma festa, o embaixador russo, Viktor Makarov (Elya Baskin) conversa com Charlotte (Jennifer Ferrin), a espiã que arranjou o contato entre Ivan e Yevgeny Gromov, e pergunta onde Yevgeny estava. Ao encontrá-lo, o embaixador diz ao espião que Moscou estaria satisfeita com o seu trabalho e que ele deveria, agora, voltar para a Rússia.

> **Yevgeny:** Eu ainda não terminei.
>
> **Viktor:** Terminou sim.
>
> **Yevgeny:** Simone ainda tem que testemunhar...
>
> **Viktor:** Não, Simone Martin não irá testemunhar perante o comitê.
>
> **Yevgeny:** Mas ela precisa.

Viktor: O dano já foi feito, graças a você. Eles já estão falando em impeachment no *The Hill*.

Yevgeny: Ainda não.

Viktor: Yevgeny, a Presidente dos Estados Unidos deu um ultimato. Moscou está levando isso a sério. Simone Martin não pode testemunhar. Você entende?

Yevgeny: Como espera que eu faça isso? Os americanos a esconderam em algum lugar.

Viktor: Você é um gênio, todos me dizem isso. Vai dar um jeito.

Carrie coloca em ação um plano de apresentar um falso advogado para Dante. O advogado o faz assinar uma papelada e antes de sair pede para Dante não falar nada até que ele retorne. Porém, quando o advogado sai, Dante começa a passar mal e, quase desmaiado, diz à Carrie que teria sido envenenado pela caneta que usou para assinar os papéis. Carrie pergunta como ele sabia disso e ele responde que Simone havia contado. Com essa informação, ligando Dante à Simone, Carrie e Saul conseguem um mandato para a prisão de Simone. Com esse plano da força-tarefa, a série mostra-nos que os fins justificariam os meios, em nome da segurança nacional, ao colocarem Dante em risco de vida apenas para obter uma informação.

Depois de ameaçar a advogada de Simone, Yevgeny descobre onde ela está e a leva embora do esconderijo onde ela estava. Yevgeny e Simone aparentam ter uma relação amorosa e planejam ir embora dos EUA juntos.

Episódio 9 – *Idiota Útil*: Antes de embarcar no avião que iria levar Yevgeny e Simone de volta para a Rússia, o espião tem a informação que o agente do FBI Dante estaria desaparecido há um bom tempo, então decide ficar no país, pois não poderia deixar Dante para trás, já que ele poderia concordar em cooperar e delatar o envolvimento russo no que vem acontecendo. Yevgeny descobre que Dante foi preso e agora está em um hospital.

No hospital, Dante é convencido por Carrie a cooperar, dizendo que agia para os russos e que Simone era uma agente. Para além disso, ele diz que existe uma senha temporária para emergências, que poderia ser enviada por um *tweet*, onde, ao receber a senha, os outros envolvidos na operação russa deveriam, para além de se esconder, destruir toda sua parte da operação, e há um código de resposta que os envolvidos devem enviar para confirmar que destruíram sua parte da operação. Carrie conta para Saul:

> **Saul**: Ele te deu o código?

> **Carrie**: Deu.

> **Saul**: Acha que podemos lançá-lo?

> **Carrie**: Eu não sei. Você decide. Significa invadir o servidor do Twitter, o que pode ou não ser viável, sem contar as questões legais.

> **Saul**: Vou dar uma olhada nisso. Vou ver se Clint e Max podem fazer isso acontecer. Se pudermos lançar essa coisa, e conseguir que uma porção de agentes dele se confirmando...

> **Carrie**: Isso desmonta toda a operação dele.

Saul conta para a presidente:

> **Saul**: Há uma coisa que precisamos falar [...]. Será preciso manobras para conceder imunidade e proteção, mas nossa testemunha, Dante Allen, acabou de concordar em cooperar.

> **Presidente Keaton**: Oficialmente?

> **Saul**: Ele também nos forneceu informações que podem nos permitir fazer algo sobre a rede de Yevgeny Gromov aqui nos Estados Unidos. Um ataque cibernético que desativará seus recursos e provavelmente identificar alguns de seus agentes em campo.

> **Presidente Keaton**: E qual é o empecilho?

> **Saul**: Isso exigirá intervenção da NSA [Agência de Segurança Nacional] em uma empresa de mídia americana. Provavelmente é melhor fazer isso sem que eles saibam.

> **Presidente Keaton**: Diga o que isso quer dizer, Saul.

> **Saul**: Invasão eletrônica e de privacidade dos cidadãos americanos. Se você nos considera sob ataque, você tem a liberdade para autorizar isso.

Presidente Keaton: Mas...?

Saul: Se um dia isso vazar, parecerá que a senhora está desconsiderando a constituição.

Presidente Keaton: Percebe que quanto mais isso avança, mais eu me torno a líder que meus inimigos dizem que eu sou? Elabore uma minuta para eu assinar.

Após isso, Saul e David contam para o Senador Paley, presidente do comitê que investiga as ações da Presidente e que iria fazer o interrogatório de Simone, que ele foi enganado e era apenas mais uma peça nos planos dos russos. Após isso, Saul chega no local de sua força-tarefa e Clint explica que, após um contato com a NSA, eles informaram que haveria uma brecha na base do Twitter na Irlanda e que eles poderiam lançar o código de lá. Saul questiona:

Saul: O que seria feito exatamente?

Carrie: Sai de um identificador do Twitter chamado *Real Trade Tramp*.

Sandy: Diz que ela é uma especialista freelancer em ações demitida pelo JP Morgan.

Max: A conta é registrada em nome de uma imobiliária de sociedade anônima na Flórida chamada Wyker Properties.

Carrie: Mandaram Dante seguir a conta e se ele visse a frase "Darwin adoraria o Bitcoin", era para desconectar.

Max: Trade Tramp tem milhares de seguidores, a maioria está lá para conselhos simples. Eles verão o tweet e possivelmente descartar Bitcoin.

Carrie: Mas o resto deve responder "E o Ripple?", o que significaria "entendido".

Sandy: É uma pílula envenenada. [...] Pode ser um sinalizador digital do Dante ao Yevgeny, avisando-o que ele foi descoberto, e terá sido nós que avisaremos a ele. Isso é esperto. Seu sujeito não é burro.

Carrie: Dante acha que eles tentaram matá-lo e quase conseguiram. Ele não vai avisar a Yevgeny que estamos no rastro dele.

CULTURA POPULAR, ESTÉTICA E SEGURANÇA NACIONAL:
A CONSTRUÇÃO DE AMEAÇAS E INIMIGOS NA SÉRIE HOMELAND (2010-2018)

Sandy: Essa é sua opinião pessoal?

Carrie: Sim.

Sandy: E ele não imagina que foi você que o envenenou e não eles?

Carrie: Não, ele não imagina. Acha mesmo que há uma única pessoa no planeta mais cética em relação a Dante Allen do que eu nesse momento?

Sandy: É um ponto de troca digital. Não temos certeza do que isso significa. Com bom senso ou não, pelo menos reconheça o fato de que estamos atirando no escuro.

Saul: Temos um plano melhor?

[Todos ficam em silêncio]

Carrie: A Presidente autorizou?

Saul: Ela não adorou a ideia, mas autorizou.

Os três diálogos transcritos revelam, por meio da série, que há uma cautela maior nesse período quando se trata de espionagem dos próprios estadunidenses, ao mesmo tempo que Sandy é uma porta-voz da paranoia do inimigo infiltrado que poderia estar passando informações falsas. No entanto, em nome da segurança nacional, essas questões são deixadas de lado, pois tanto a força-tarefa quanto a presidente, ao avaliarem as os diferentes contextos, acabam concluindo que a ameaça russa é séria o suficiente para autorizar medidas extremas.

Por fim, eles decidem fazê-lo. O plano dá certo e os agentes começam a receber os códigos como resposta e a serem identificados. Na estrada, em direção ao hospital onde Dante está internado, Yevgeny recebe a notícia do *tweet* e assume que Dante foi o responsável por entregar o código. Quando Yevgeny chega ao hospital, ele conta a Dante que não foram os russos que tentaram matá-lo, mas sim quem o detinha, que teria o utilizado como parte de um plano e propõe que ele ligue para Carrie e pergunte sobre a verdade. Dante liga e diz à Carrie que Yevgeny está no hospital. Yevgeny assassina Dante.

Foi assim, portanto, que a série justifica as escolhas políticas para lidar com as ameaças apresentadas.

Episódio 10 – *Clareza*: Com a morte de Dante, o senador Paley julga que não haveria provas para comprovar o esquema russo contra os EUA e, por isso, decide que um processo contra a Presidente seria necessário. Invocando a 25ª Emenda, que declara que a Presidente não seria apta para o cargo, Paley decide recorrer ao próprio gabinete da Presidente para conseguir tirá-la do cargo, uma vez que um processo de impeachment seria mais demorado e politicamente mais custoso. Com essa informação, a Presidente convoca os membros de seu gabinete para uma declaração:

> **Presidente:** Senhoras e senhores, nós estamos sob ataque. Por mais radical que isso pareça, o Senador Paley deve agora ser considerado um participante consciente em uma operação maciça de influência russa, projetada para paralisar nossa democracia e diminuir nosso papel no cenário mundial [...]. Se houver um momento para ficarmos juntos, é agora.

Assim, a série mostra-nos os movimentos políticos para lidar com as ameaças: primeiro, tentar conter a crise política interna, para tentar lidar com o ataque da ameaça externa.

Com a autorização da Presidente, Saul decide ir à Rússia, junto à Carrie e seus agentes, para lidar pessoalmente com o que está acontecendo, com a ajuda do Chefe de Posto dos EUA em Moscou, Saul pretende ter uma reunião com o Conselho de Segurança Nacional Russo. Aqui a série nos mostra que, frente a um desafio como o que os EUA estão enfrentando, as vias diplomáticas precisariam ser oficialmente acionadas.

Episódio 11 – *Vale Tudo*: O plano de Saul é utilizar o momento de encontro com o Conselho de Segurança Nacional Russo para que seus agentes encontrem Simone, em um local onde sabem que ela está, e pegá-la para levá-la aos EUA. Durante a conferência com o Conselho, Saul nota a ausência de Yevgeny e solicita sua presença.

Quando Yevgeny chega ao local, Saul começa a falar.

> **Saul:** Fizemos a viagem [à Rússia] para lhe perguntar sobre o seu envolvimento em vários eventos recentes. Um: a morte do General McClendon na penitenciária de Hazelton. Dois: Uma notícia falsa propagada durante um confronto armado em Lucasville, Virgínia, que resultou na morte de dúzias de civis americanos. Três: a morte do agente do FBI Dante Allen no pronto-socorro de um hospital perto de Washington, D. C..

> **Yevgeny:** Como eu saberia algo sobre essas coisas em seu país? Eu estava em Moscou o tempo todo.
>
> **Saul:** Nós respeitosamente discordamos [mostrando fotos de Yevgeny em alguns dos locais citados por Saul].
>
> **Yevgeny:** Falsas.
>
> **Saul:** Não, elas são bem reais.
>
> **Yevgeny:** Tudo o que vocês acham que sabem é falso, construído sobre falácia. Vocês vêm aqui achando que são as vítimas. Vocês não são. Querem falar de agressão, tudo bem. Mas isso não começou na semana passada. Há toda uma história de agressão do seu país contra o nosso. O que vocês chamam de "contexto", a Guerra Fria, que em suas mentes nunca acabou. Um: a expansão da OTAN na Europa Oriental a partir de 1994. Dois: a guerra da OTAN contra a Iugoslávia, em 1999. Três: a guerra dos EUA contra o Iraque, em 2003. Quatro: o reconhecimento unilateral da independência do Kosovo em 2008. Cinco: Líbia. Seis: Síria. Guerra, guerra, guerra, guerra dos EUA contra nós.
>
> **Carrie:** Nós não estamos aqui para falar dos últimos trinta anos.
>
> **Yevgeny:** Eu estou. É sobre isso que vim aqui conversar.
>
> **Carrie:** Bom, nós estamos aqui para falar sobre isso [novamente mostra as fotos de Yevgeny nos locais citados por Saul]. Você, em Lucasville. Você em um pronto-socorro nos arredores de Washington, D. C.. Você me usando para causar dano ao meu próprio país.

Assim, a série mostra a perspectiva, os impulsos e a motivação nas falas de Yevgeny para apresentar ao espectador o outro lado da moeda. O lado onde os russos têm o seu direito de fala acerca das ameaças contra eles. O lado que mostra que o que aconteceu teria sido uma resposta russa às ameaças percebidas à sua segurança nacional. Assim como os EUA fazem.

Após receber uma informação que não é exposta ao espectador, o chefe do Conselho sugere um intervalo. Enquanto isso, a operação para a retirada de Simone falha e eles não conseguem capturá-la. Com isso e com a notícia de que a 25ª Emenda, que declara que a Presidente não seria apta para o cargo, organizada por Paley, segue adiante e a Presidente está afastada do cargo, Saul diz que a autorização que tinham para estar ali não valia mais, e decide encerrar a operação. Carrie discorda e, junto a Max e Sandy, decidem que um possível caminho seria usar o desprezo do General Yakushin (Misha Kuznetsov) pelos métodos de Yevgeny, junto à quantidade de dinheiro que ele guarda nos EUA, para fazer algo semelhante ao que os russos fizeram; usar alguém que trabalha na própria segurança nacional russa contra eles mesmos. Saul concorda com o plano.

Ao saber que suas contas nos EUA foram esvaziadas, o General Yakushin confronta Saul, que diz que quer Simone em troca de devolver seu dinheiro. Assim, Yakushin coloca por volta de 30 homens fortemente armados para invadir o prédio do GRU, o Departamento Central de Inteligência da Rússia, para irem atrás de Simone. Disfarçados como os homens de Yakushin, Carrie e sua equipe também entram no prédio do GRU. Dessa forma, a série mostra ao espectador que as respostas às ameaças encontradas são, satiricamente, parecidas com as de seus inimigos; cada um de um lado, utilizando as mesmas táticas em nome de sua própria segurança nacional. Essa percepção é reforçada quando Max sugere que divulguem o que está acontecendo na Rússia na internet, nas palavras dele, assim como Yevgeny faria, para que pareça que o país está desmoronando. Em pouco tempo, os noticiários dos EUA já estão divulgando o que está acontecendo na rua.

Dentro do prédio, Carrie chega até Simone. Carrie convence Simone de que ela viraria alvo do próprio Yevgeny, apenas para acabar com a crise que está começando a se desenrolar na Rússia. Carrie consegue tirar Simone do prédio e, com uma peruca parecida com o cabelo de Simone, distrai os guardas de Yevgeny para irem atrás do carro que ela está.

Episódio 12 – *Louvor ao Povo*: Saul consegue levar Simone até o aeroporto. No entanto, Carrie acabou ficando para trás, usando as roupas e uma peruca similar ao cabelo de Simone, para distrair as forças russas que estão atrás de Simone e ganhar tempo para que Simone conseguisse ser levada por Saul até os EUA. Saul consegue embarcar no voo com Simone com destino aos EUA. Porém, após uma longa perseguição por Moscou, Carrie, que ganhou o tempo necessário para que o embarque acontecesse, acaba sendo capturada por Yevgeny.

Três dias depois, a Presidente será reempossada com a promessa de uma série de sanções drásticas contra a Rússia. Enquanto isso, Simone Martin dá o seu depoimento para o Comitê, e finalmente confessa que fez parte de uma equipe enviada para os EUA com o objetivo de tumultuar o sistema político do país, como, por exemplo, tentando comprometer a Presidente para tirá-la do governo, mostrando para o espectador que, sim, havia inimigos externos trabalhando, dentro do próprio EUA com cidadãos estadunidenses, com o objetivo de desestabilizar o país. No entanto, em uma declaração em rede nacional, após a nova posse como presidente, Keane afirma que iria ler um discurso preparado sobre a guerra secreta da Rússia contra o seu governo e contra os EUA, no entanto decidiu improvisar, mas segue:

> **Presidente Keane:** Nada disso é novo. Temos estado, de uma forma ou de outra, sob ataques russos desde os anos 50. A diferença é que hoje somos um alvo fácil, pois somos uma nação profundamente dividida. E eu também tenho culpa nisso. O ataque contra a minha vida no início deste ano me deixou apavorada. E depois me deixou com muita raiva, e então eu tentei me vingar. Não hesitei em usar o poder do meu cargo para acabar com os meus inimigos. Não acredito que estava contra a lei, mas foi errado. Por mais de 200 anos, tivemos uma anja guardando este país. Ultimamente, tenho me perguntado onde ela está. Olhem em volta. Estamos com problemas, nossa democracia está. E não é por culpa da Rússia. É por culpa nossa. Nós a estamos matando. Ao pensarmos em mortes de democracias, pensamos em revoluções, em golpes militares de Estado e homens armados nas ruas. Mas cada vez menos isso acontece desse jeito. Turquia, Polônia, Hungria, Nicarágua, Filipinas... As democracias morrem quando não estamos olhando, quando não estamos prestando atenção. E o fim raramente vem em um instante, mas chega vagamente como o crepúsculo. E, a princípio, nossos olhos não percebem. Passei quase a tarde toda com o vice-Presidente, Warner (Beau Bridges), que conheço como sendo um homem de muita honra e decência. Ele e eu concordamos que nosso país está em crise, preso em um conflito existencial de raça, identidade e cultura. Os sinais estão por toda parte, e em vermelho cintilante. Algo deve mudar, algo corajoso deve ser feito. Não finjo ter todas as respostas, mas sei que me tornei parte do problema. Abro a minha boca e metade de vocês só ouve mentiras. Isso não só é inaceitável, mas pouco provável que mude em um futuro próximo. Nenhum líder sozinho pode salvar uma democracia, mas sem um líder confiável, nenhuma democracia pode ser salva. Por essa razão, a partir da meia-noite de hoje, eu renuncio à

> Presidência dos Estados Unidos. O vice-Presidente fará o juramento como Presidente naquele momento nesse salão. Pessoas vão dizer que eu estou renunciando porque sou fraca. Não sou. Sou tão forte quanto sempre fui. Vão dizer que é porque eu sou mulher. Bom, se é preciso uma mulher para trazer a sensatez de volta a este país, que assim seja. Então vamos fazer uma promessa aqui, esta noite, uma promessa de americano para americano, que ao invés de aumentarmos a distância entre nós, nós tentaremos todos os dias encontrar pontos em comum. Haverá um novo presidente pela manhã. Ajudem-no. Rezem por ele. Nosso futuro depende disso. Boa noite, e que deus abençoe a America.

Quando a Presidente Keane fala que a crise nos EUA está associada a um conflito existencial de raça, identidade e cultura, isso pode ser interpretado como uma forma de a série mostrar ao espectador que os sincretismos culturais, as diferenças de identidade e de etnias — que podemos enxergar em um mundo globalizado e, especialmente, em países que devido aos seus históricos tanto de construção das próprias identidades, como os EUA, que foram colonizados por diferentes culturas, quanto de acolhimento ou imigração, com incentivo do país ou não — podem causar litígios internos, naturais dessas diferenças. Mas o que a Presidente Keane pede, ao final de seu discurso, quando diz que ao invés de aumentar a distância entre essas diferentes culturas, devem tentar encontrar os pontos de convergências entre seus diferentes costumes, isso pode ser considerado como um primeiro passo para que as convergências pesem mais do que as divergências entre as diferentes etnias, identidades e culturas que habitam um mesmo espaço geográfico. Um esforço hercúleo necessário, que deveria ser amparado por políticas públicas para mitigar as diferenças desproporcionais das representações dos diferentes interesses e necessidades dessas distintas culturas que coabitam uma mesma região.

No fim, os esforços diplomáticos para trazerem Carrie de volta mostram-se ineficientes. Na Rússia, Carrie é mantida presa por Yevgeny, que tenta fazê-la dar uma declaração gravada contando que o que aconteceu entre os EUA e a Rússia foi um plano da CIA, em troca de dar a Carrie os seus medicamentos para a bipolaridade. Carrie recusa-se e acaba passando sete meses presa pelos russos, sem seus medicamentos. Na última cena da temporada, Saul consegue trazer Carrie de volta, após trocá-la por prisioneiros russos que estavam sob custódia nos EUA. No entanto, após esse longo tempo e nas condições que ficou, Carrie consegue discernir a realidade.

CULTURA POPULAR, ESTÉTICA E SEGURANÇA NACIONAL:
A CONSTRUÇÃO DE AMEAÇAS E INIMIGOS NA SÉRIE HOMELAND (2010-2018)

Agora que já temos a identificação das características das NSS de 2010 e 2017 e das temporadas 1 (2011) e 7 (2018) de *Homeland*, e fazendo a comparação da representação entre os documentos e o produto cultural audiovisual, observamos que existiria uma dinâmica entre a série, que em momentos funciona como um espelho, refletindo, e em outros momentos funciona como uma lente de aumento, tornando mais compreensível as NSS, como discutiremos na subseção a seguir.

3.5 *Homeland* como espelho e lente de aumento da política de segurança dos EUA

Podemos observar que os interesses de segurança nacional dos EUA, expressos na NSS de 2010, que seriam, em primeiro lugar, "a segurança dos EUA, seus cidadãos, aliados e parceiros" (United States, 2010, p. 7), estão interligados aos seus interesses no plano internacional, em sua busca pela retomada da hegemonia estadunidense perdida por George W. Bush, ao mesmo tempo que tentariam mostrar para seus aliados e demais que o mundo teria um inimigo em comum, que seria o terrorismo e seus desafios. Com esse argumento, a NSS de 2010 coloca terrorismo, nações inimigas, atores não-estatais, países falidos, Iraque, Irã, Afeganistão e al-Qaeda num mesmo patamar de importância em termos de segurança. Também estabelece como essencial novamente os EUA à condição de potência hegemônica, liderando alianças multilaterais contra essas mesmas ameaças e inimigos.

A primeira temporada da série (2011) se resume à paranoia estadunidense em relação às ideologias exteriores que podem ser inseridas em seu território por meio da conversão de um dos seus próprios cidadãos[83]. Quando Carrie desconfia que o Sargento Brody foi encontrado após ter sido feito de prisioneiro pela al-Qaeda por oito anos, teria sido convertido e agiria como um cavalo de Tróia para os interesses de grupos terroristas, especificamente da al-Qaeda, dentro dos EUA. Essas primeiras impressões vão permear as narrativas da série sobre as ameaças e inimigos para a segurança nacional dos EUA. Ambientada em 2011, os termos "al-Qaeda",

---

[83] Curiosamente, essa narrativa também é explorada em diversos outros produtos culturais, como o filme *The Manchurian Candidate* (1962), *Sob o Domínio do Mal*, em português do Brasil, que conta a história de um oficial do exército dos EUA que sofre uma lavagem cerebral por militares russos e chineses durante a Guerra na Coreia, e, por conta dessa lavagem cerebral, acabaria sendo reativado quando volta ao seu país para servir aos interesses externos. Interessantemente, o filme ganha uma nova versão em 2004, de mesmo nome, cujo soldado estadunidense estaria, agora, na Guerra no Golfo. A mesma narrativa, mas adaptada às novas tramas políticas.

"Afeganistão" e "Iraque" são empregados de forma recorrente, majoritariamente em contextos em que os personagens estão se referindo a ameaças e inimigos para a segurança nacional.

Por fim, como suspeitou Carrie, Brody teria sido mesmo convertido pela al-Qaeda e estava disposto a participar de um ato terrorista para matar figuras políticas importantes dos EUA. Mas seus motivos eram pessoais. O Sargento estaria envolvido nesse plano, pois presenciou uma escola ser atingida por mísseis estadunidenses, enquanto estava preso pela al-Qaeda, enquanto os EUA noticiavam que a história era falsa e as fotos das crianças mortas circulando pela mídia eram propagandas terroristas. Brody compreendeu que esse tipo de atitude estadunidense era contra o juramento que o mesmo havia feito: proteger os EUA de inimigos externos, mas também de inimigos internos que manchariam a história do país, como Brody interpretou.

O discurso na série reforçaria a ideia do terrorismo como a maior ameaça à segurança nacional dos EUA através de duas formas. Primeiro, por meio da apresentação para o grande público de um conjunto de países e atores não estatais com os quais o espectador estadunidense já possuía familiaridade (como o Iraque e a al-Qaeda) como as ameaças e inimigos principais aos interesses dos EUA, fazendo com que o discurso ao qual o espectador já tem acesso fora da ficção ajudasse a legitimar a narrativa da série. E segundo, por meio da condução da narrativa principal, que reforçaria características da guerra irregular, onde as vantagens qualitativas que podem ser decisivas para a condução do conflito, como atos terroristas ou a penetração de ideologias opostas à estadunidense no território dos EUA, são obscuras e dignas de constante medo e alerta.

Assim, a primeira temporada de *Homeland* (2011) apresentou uma quantidade relevante de afinidades com a narrativa acerca das ameaças e inimigos para a segurança nacional na NSS de Obama (2010). É sobretudo na questão do terrorismo que ambas direcionaram suas principais preocupações sobre tais ameaças e inimigos. Países do Oriente Médio, especificamente Iraque e Afeganistão, foram retratados tanto na NSS quanto na série como objeto de preocupação. Ambas convergiram, também, na citação da al-Qaeda como o principal foco de atenção em relação ao combate ao terrorismo. As ideologias por trás do discurso nos campos teórico e abstrato descritos na NSS de 2010 e do discurso no campo narrativo e visual retratado na temporada 1 (2011) de *Homeland* não se contradizem, pelo contrário, podem ser fonte de legitimação um do outro.

INTERESSES

NSS (2010)	Homeland (2011)
• A segurança dos EUA e dos seus cidadãos.	• Preocupação com a segurança dos EUA e dos seus cidadãos, sobretudo após os atentados de 11 de setembro de 2001.
• Uma ordem internacional liderada pelos EUA.	• Os EUA não se mostram mais interessados em agir de forma unilateral em países soberanos e preferem manter a diplomacia como um pilar importante na atual administração.
• Multilateralismo.	• Enfatiza que haveriam nações que não respeitariam as bases da liberdade e da justiça, como a Arábia Saudita, enquanto haveriam nações que respeitariam tais bases, como a Alemanha.
• Uma nação mais forte.	• A Lei de Vigilância de Inteligência Estrangeira (1978), que autoriza a vigilância eletrônica dos cidadãos em terras estadunidenses, é utilizada em nome da segurança nacional.

AMEAÇAS

NSS (2010)	Homeland (2011)
• Terrorismo.	• O terrorismo é a principal ameaça observada à segurança dos EUA e dos seus cidadãos, sobretudo, após os atentados de 11 de setembro de 2001.
• Al-Qaeda.	• A Al-Qaeda é percebida como o maior grupo disseminador do terrorismo no mundo.
• Nações, atores não-estatais e países falidos.	• Há uma desconfiança maior, pelos órgãos de Inteligência, como a CIA, acerca de cidadãos oriundos de países de maioria muçulmana, como Paquistão e Arábia Saudita.

• Iraque, Irã e Afeganistão.	• A gestão daquele governo estaria, agora, focada na Guerra no Afeganistão.
• Ameaças assimétricas.	• Haveria uma necessidade de obter o apoio popular em guerras assimétricas, como a Guerra ao Terror; • As vantagens qualitativas das guerras assimétricas são observadas como nebulosas, uma vez que o inimigo poderia ser o menos provável.
• Ciberespaço.	• Cidadãos suspeitos de envolvimento com o terrorismo têm suas atuações no ciberespaço vigiadas, em nome da segurança nacional.

RESPOSTAS ÀS AMEAÇAS

NSS (2010)	Homeland (2011)
• Foco no terrorismo.	• O terrorismo continua sendo enfatizado como a principal ameaça à segurança dos EUA e dos seus cidadãos.
• Aumentar a segurança doméstica dos EUA.	• Com a criação da NSA e o esforço interagências, a Inteligência trabalha junto às forças táticas, quando necessário, para um aumento na segurança doméstica, como no caso do FBI junto à CIA.
• Prevenir ameaças, identificando e interditando ataques.	• Descobrir se há algum *cavalo de Troia*, um inimigo que foi convertido, atuando em solo estadunidense contra o próprio EUA.
• Gerenciar a emergência de ameaças.	• Esforços da Inteligência aplicados na prevenção de novos ataques.

• Instruir seus cidadãos contra a radicalização de indivíduos no próprio território dos EUA.	• A necessidade de apoio popular em guerras assimétricas, onde os inimigos ou ameaças podem estar no próprio solo estadunidense. • Divulgação ampla na mídia de terroristas identificados, para que, assim, cidadãos os identifiquem.
• Observar, de perto, as ações do Afeganistão e do Paquistão.	• Esforços para gerenciar a questão do Afeganistão, paralelamente à trama; • Cidadão paquistanês é envolvido na trama como um suposto terrorista.
• Proteger o ciberespaço.	• Vigilância de cidadãos estadunidenses e estrangeiros vivendo nos EUA, por meio de seus históricos no ciberespaço.
• Investir na capacidade de parceiros fortes.	• Colaboração entre forças táticas dos EUA e do México para prender uma suposta terrorista que havia fugido para o México.
• Investir em parcerias público-privadas.	• Agentes da Inteligência utilizam da prestatividade de um banco privado para obter informações acerca das dívidas do Segundo Secretário da Embaixada Saudita; • Colaboração entre um banco privado e a CIA para que um indivíduo fosse interrogado em um andar inutilizado dentro do prédio do próprio banco.
• Reconstruir a economia.	• Os episódios analisados não abordam essa questão.

JUSTIFICATIVAS

NSS (2010)	Homeland (2011)
• A hegemonia é uma tradição dos EUA.	• Quando o Vice-Presidente, na trama, anuncia que concorreria à presidência na próxima eleição, o mesmo cita que seu desafio seria colocar os EUA no topo novamente, remetendo aos tempos de hegemonia internacional do país.
• Responsabilidade de conduzir o mundo livre.	• Quando o helicóptero do Presidente dos EUA se torna um alvo, na trama, o Presidente alega que não poderia deixar de utilizá-lo, uma vez que pareceria um sinal de fraqueza perante as ameaças terroristas, já que, afinal, ele seria o líder do mundo livre.
• Conduzir a segurança, prosperidade e valores da ordem internacional.	• Em certo momento, a trama utiliza do noticiário para anunciar uma nova fase da Guerra ao Terror. • Em nome da segurança, uma escola no Oriente Médio é bombardeada, por, supostamente, ser o local onde um líder da Al-Qaeda se encontrava. A CIA classifica esse incidente, na trama, como um dano colateral que se encaixaria nos parâmetros atuais.
• Promover para o mundo, por meio da diplomacia, os valores e a democracia nos moldes americanos.	• A diplomacia, na trama, é utilizada, sobretudo, quando as alianças dos EUA são convocadas para ajudá-los na missão contra o terrorismo internacional.
• Garantir a manutenção das alianças já existentes com outros países, ao mesmo tempo que busca construir uma cooperação com novos centros de influência, como a China, a Índia e a Rússia.	• Na trama, informações são cedidas para a CIA pela Inteligência suíça, ao mesmo tempo que a agência utiliza de sua influência com seus parceiros em solo britânico, alemão, francês, italiano e escandinavo, para chantagear o Segundo Secretário da Embaixada saudita, com o objetivo de extrair do mesmo uma informação.

Apresentando uma mudança para um tom discursivo mais enfático e direto, sem grande preocupação em convencer ou mobilizar a comunidade internacional, a NSS (2017) construiu suas tendências narrativas sobre as percepções de ameaças e inimigos para a segurança nacional ainda sob o véu narrativo das ameaças terroristas. Todavia, no hall das ameaças, antes mesmo de citar o terrorismo, a NSS voltou-se para o desenvolvimento de armas nucleares por regimes párias, e, após citar o terrorismo, seu foco se transformou no entendimento de que potências rivais estariam "minando agressivamente os interesses estadunidenses em todo mundo" (United States, 2017, p. I). Citando nominalmente alguns países, o documento continuou:

> A Coreia do Norte busca a capacidade de matar milhões de americanos com armas nucleares. O Irã apoia grupos terroristas e clama abertamente por nossa destruição. Organizações terroristas jihadistas, como o ISIS e a al-Qaeda, estão determinadas a atacar os Estados Unidos e radicalizar os americanos com sua ideologia de ódio. Atores não-estatais minam a ordem social por meio de redes de tráfico de drogas e humanos, que usam para cometer crimes violentos e matar milhares de americanos a cada ano (United States, 2017, p. 7).

Houve grande preocupação com agressões econômicas e práticas comerciais desleais. Nesse sentido, a China e a Rússia "desafiariam o poder, a influência e os interesses americanos, tentando erodir a segurança e a prosperidade" (United States, 2017, p. 2), pois estariam "determinadas a tornar suas economias menos livres e menos justas, aumentar suas forças armadas e controlar informações e dados para reprimir suas sociedades e expandir suas influências" (United States, 2017, p. 2). Para a NSS, "as potências revisionistas da China e da Rússia, os Estados rebeldes do Irã e da Coreia do Norte e as organizações de ameaças transnacionais, especialmente grupos terroristas jihadistas estão competindo ativamente contra os Estados Unidos" (United States, 2017, p. 25). Uma das formas através das quais esses grupos faziam isso era pela promoção de ideias antiocidentais através de "propaganda e outros meios para tentar desacreditar a democracia" (United States, 2017, p. 3).

Dessa forma, a narrativa de ameaça e inimigos para a segurança nacional na NSS (2017) teria sido construída por meio de um discurso de defesa dos interesses nacionais. Não haveria uma preocupação em mobilizar a comunidade internacional. Pelo contrário, é enfatizado que os EUA estariam preparados e dispostos a encarar tais ameaças e inimigos. China, Rússia, Irã e Coreia do Norte, citados como ameaças, aparecem como preocupações não apenas no âmbito do *hard power*, por suas capacidades físicas, mas também no de *soft power*, por suas capacidades de promover visões opostas ao interesse de *fazer a América grande novamente.*

Já a sétima temporada de *Homeland* (2018) apresentou um contexto de desordem interna dos EUA devido às polarizações políticas no país, abordando esquemas colossais de criação e divulgação de *fake news* e conspirações internas que levam a um litígio entre a Presidente eleita, agências nacionais e grupos conservadores que se fortaleceram. Na trama caracterizada pela instabilidade interna nos EUA, a Rússia é creditada como causadora de tal crise por ter destinado agentes infiltrados nos EUA com o objetivo de minar a democracia estadunidense. Em uma cena específica, o chefe de segurança nacional dos EUA, Saul Berenson, enfatiza que a Rússia teria feito isso em várias partes do mundo utilizando-se de redes sociais e tecnologias afins. A narrativa conduziria o espectador à ideia de que a Rússia estaria fazendo isso porque haveria novas ferramentas (como redes sociais e *fake news*) que dariam ao país uma nova chance de alcançar o poder, o que não aconteceria desde a Guerra Fria. Essa seria uma forma de a série utilizar da narrativa de ressentimento russo para dar uma razão para seu papel como inimigo.

A narrativa de ameaças e inimigos para a segurança nacional na sétima temporada de *Homeland* (2018) se assemelharia à narrativa de ameaças e inimigos para a segurança nacional na NSS de Trump (2017). Ambas reforçariam a ideia de que as potências apontadas como revisionistas estariam no topo das maiores ameaças à segurança nacional dos EUA, sendo a Rússia categoricamente enfatizada em ambas como uma ameaça. A declaração do chefe de segurança nacional dos EUA na série, Saul Berenson, de que a Rússia estaria "aumentando os esforços para enfraquecer democracias em todo o mundo" pode ser relacionada à afirmação, na NSS (2017), de que potências rivais estariam "minando agressivamente os interesses americanos em todo mundo" (United States, 2017, p. I). A atenção voltada à intervenção em regimes democraticamente eleitos em *Homeland* (2018), por meio de ferramentas contemporâneas como o uso de redes sociais e a propagação de *fake news*, também reforçaria a ideia compreendida na NSS de Trump de que esses atores estariam utilizando "propaganda e outros meios para tentar desacreditar a democracia" (United States, 2017, p. 3). Ou pelo menos a concepção estadunidense de democracia.

Da forma como o discurso foi construído, a preocupação com as ameaças e inimigos para a segurança nacional a partir do desgaste da democracia interna dos EUA provocado por outro governo, traz à luz uma lógica realista de balança de poder[84], carregando consigo o fantasma das guerras entre Estados. Com uma narrativa exaustivamente explorada por Hollywood[85], que envolve agentes secretos no território dos EUA, vivendo sob disfarces por anos para um dia colocar em prática planos meticulosamente planejados, a sétima temporada de *Homeland* (2018) reforçaria a ideia de que o maior inimigo e ameaça ao país é outro país na disputa pelo poder, como um retorno à lógica estatal, à noção tradicional da ideia de interesse nacional, à camisa de força Vestfaliana[86].

INTERESSES

NSS (2017)	Homeland (2018)
• Promover a prosperidade americana: América em primeiro lugar.	• As agências de segurança, na trama, se preocupam com a agenda anti-guerra da Presidente, que distanciariam os EUA do caminho para liderar o mundo.
• Preservar a paz por meio da força: fortalecer os EUA internamente, pois, como nação soberana, poderiam cooperar para promover a paz no exterior.	• A Presidente, na trama, após sofrer um atentado à sua vida, vislumbra que a segurança estadunidense estaria sendo ameaçada por tramas internas. Assim, com o seu poder, toma atitudes interpretadas como autoritárias, como prender mais de 200 pessoas suspeitas de envolvimento em tal atentado.
• Proteger o povo americano: o modo americano de vida, bem como os interesses do país.	• A temática da *alt-right* nos EUA, durante a trama, apresenta a percepção de grupos que lutam em nome do modo estadunidense de vida, mas que, nesse caso, inclinam-se para ideias extremistas e conservadoras, com o discurso de recuperar o antigo modo de vida americano.

---

[84] Onde os Estados agem no campo internacional a partir dos seus interesses relacionados ao ganho de poder em relação a outros Estados.

[85] Filmes como a franquia *007* (produzida em grande parte a partir de uma parceria britânica-estadunidense) há décadas alimentam no imaginário coletivo as histórias perigosas e honrosas dos agentes que fazem, com as próprias mãos, o trabalho sujo dos serviços secretos de seus países.

[86] Para uma crítica mais elaborada, ver Buzan e Little (2001, p. 25).

• Avançar a influência americana no mundo.	• Os litígios entre a Presidente, na trama, as agências de segurança e a opinião pública, causados por sua agenda anti-guerra, levam a compreender que os imbróglios internos dos EUA precisariam ser gerenciados, primeiramente, para que a agenda internacional pudesse avançar, posteriormente.

AMEAÇAS

NSS (2017)	Homeland (2018)
• Regimes desonestos e potências revisionistas (China e Rússia).	• Rússia como potência que estaria travando uma guerra de informações contra os EUA; • Rússia como potência que estaria fortificando seus esforços para minar democracias ao redor do mundo.
• Terrorismo.	• A trama nos apresenta a uma ex agente da CIA que confessa que o modo como lidaram com o terrorismo foi errado e, por isso, os EUA perderam a Guerra ao Terror.
• Coreia do Norte e Irã.	• Pressão dos membros das Forças Armadas dos EUA para uma ofensiva contra um comboio de armas, supostamente, vindas do Irã para a Síria, com o objetivo do Estado combater o Exército Livre da Síria.
• Iraque, Irã e Afeganistão.	• O Irã é inserido na trama ao, supostamente, apoiar o regime de Bashar al-Assad na Síria.
• Ameaças assimétricas.	• Um agente russo afirma que velhas regras (de guerra) ficaram no passado. Assim, as novas formas qualitativas de conflitos, como o uso da tecnologia da informação, são mais eficazes no séc. XXI; • Uso da mídia por atores anti-governamentais para desordenar a estabilidade interna dos EUA.

• Ciberespaço.	• A trama nos introduz à questão das *fake news*, utilizadas no ciberespaço, sendo disseminadas pelo mesmo, e como elas poderiam desestabilizar governos.

RESPOSTAS ÀS AMEAÇAS

NSS (2017)	Homeland (2018)
• Proteger o povo, a Pátria e o modo de vida americano.	• Medidas extremas, como invasão eletrônica e de privacidade dos cidadãos estadunidenses são tomadas quando os gestores de segurança consideram que os EUA estão sendo vítimas de um ataque à sua própria democracia.
• Promover a prosperidade americana.	• As agências de segurança e o governo trabalham contra inimigos externos e internos para deter as forças que impediriam a prosperidade estadunidense.
• Preservar a paz por meio da força.	• A trama conduz o expectador à noção de que qualquer suspeito de envolvimento contra a segurança nacional será duramente punido.
• Avançar a influência americana.	• Os esforços para garantir a segurança seriam necessários para que a crise interna cessasse e os interesses do país, como avançar a influência dos EUA no mundo, pudessem ser continuados.
• Utilizar a força cibernética.	• Com o apoio da Presidente, na trama, agentes invadem o servidor da rede social *Twitter*, com o objetivo de conduzir um ataque cibernético que desativaria os recursos do inimigo e identificaria os agentes em campo, que trabalhariam para tal inimigo dos EUA.

• Incentivar o compartilhamento de informações dos próprios cidadãos americanos.	• Na trama, essa resposta se traduz na fala da Presidente, quando se refere à questão de que antes as ameaças viriam de São Petersburgo e Moscou, mas agora elas podem vir da Avenida Pensilvânia, a três quarteirões da Casa Branca. Por esse motivo, a população deveria estar atenta, dentro do próprio país, contra tais ameaças.
• Diplomacia mais competitiva, trabalhando para avançar os interesses dos EUA no mundo.	• A trama apresenta uma ONG que seria uma fachada para lavagem de dinheiro e conspirações contra Estados, como os EUA. Com esse exemplo, justifica-se uma diplomacia mais atenta e menos passiva na gestão, com o objetivo de proteger os interesses do país.
• Combater as ameaças estatais observadas, como vindas de potências revisionistas da China e da Rússia.	• Temos a confirmação de que, na trama, agentes russos estariam por trás dos esforços para minar a democracia estadunidense e causar uma crise interna; assim, outro Estado se mostra como inimigo e fonte de insegurança para os EUA.
• Fortalecer a economia doméstica; • Derrotar terroristas jihadistas; • Proteger as fronteiras dos EUA e seu território; • Renovar os recursos militares; • Incentivar os aspirantes a parceiros dos EUA, como países em desenvolvimento e Estados frágeis.	• Os episódios analisados não abordam essas questões.

JUSTIFICATIVAS

NSS (2017)	Homeland (2018)
• Servir ao povo americano e defender seu direito a um governo que priorize sua segurança, sua prosperidade e seus interesses.	• Na trama, agentes de segurança dos EUA combatem a ameaça russa frente a frente ao transformar uma viagem de fachada diplomática em uma tentativa de capturar uma agente russa que atuou em esquemas contra os EUA, com o intuito de que, em solo estadunidense, ela confessasse o que fez, provando que a crise institucional e interna nos EUA, que embargavam os avanços da prosperidade e dos interesses estadunidenses, fora causada pelo governo russo.
• Fortalecer a soberania americana.	• Em nome da segurança nacional, os agentes de segurança dos EUA utilizam táticas similares às que os agentes russos utilizaram contra os EUA, divulgando por meio da mídia o conflito interno que estava ocorrendo na Rússia, causado pelos próprios EUA, para que parecesse que o país que está atacando os EUA estaria fraco e desmoronando internamente. Como efeito, mostrando para a comunidade internacional que aquele inimigo não seria forte para combater os EUA.
• Proteger o povo, a pátria e o modo de vida americanos; • Promover a estabilidade dos EUA.	• Ao perceber que sua figura política era parte dos litígios internos, a Presidente, na trama, renuncia ao cargo durante um discurso onde diz que democracias morrem quando a atenção devida não se é dada. Após perceber que haveria um conflito existencial de etnia, identidade e cultura, a Presidente, pede para que, ao invés desses imbróglios aumentarem a distância entre tais diferentes modos de vida, que eles pudessem encontrar, todos os dias, os pontos em comum entre eles, em prol da estabilidade do país.

• Preservar a paz por meio da força.	• Os agentes estadunidenses utilizam de chantagem, congelando o dinheiro de um General russo em bancos estadunidenses, para obter informações que queriam; • A Presidente promete uma série de sanções drásticas contra a Rússia, após ter certeza do envolvimento do país na crise interna dos EUA.
• Avançar a influência dos EUA no mundo.	• Acionando as vias diplomáticas com o Conselho de Segurança Nacional Russo, os agentes estadunidenses vão até o país para tratar dos acontecimentos que levaram a Rússia e os EUA a uma guerra de informações; • O depoimento da agente russa, que atuou nos ataques internos, à democracia, em solo estadunidense, serviria para mostrar que os EUA não estariam fracos internamente, mas que os litígios em sua democracia foram causados por agentes externos; nesse caso, outro Estado, que logo fora descoberto e combatido, reforçando para a comunidade internacional a ideia de que os EUA estariam preparados para combater, inclusive, seus maiores inimigos, adaptando-se ao cenário dos conflitos no séc. XXI.

Cabe, por fim, enfatizar que ocorreram continuidades, como a paranoia do inimigo que foi convertido por ideologias externas e atua dentro do território dos EUA e a violação do direito à privacidade dos cidadãos em nome da segurança nacional, e rupturas de posturas, como a diminuição do interesse de interferência bélica dos EUA no Oriente Médio e a migração do cenário ou teatro da segurança do Oriente Médio para o antigo espaço soviético (Europa Central e do Leste), entre as narrativas observadas na NSS de Obama (2010) e na primeira temporada de *Homeland* (2011) e as narrativas observadas na NSS de Trump (2017) e na sétima temporada de *Homeland* (2018).

No entanto, a partir da observação das inúmeras convergências narrativas acerca das concepções de ameaças e inimigos para a segurança nacional expressas nas NSS analisadas dos governos de Barack Obama

CULTURA POPULAR, ESTÉTICA E SEGURANÇA NACIONAL:
A CONSTRUÇÃO DE AMEAÇAS E INIMIGOS NA SÉRIE HOMELAND (2010-2018)

(2010) e Donald Trump (2017) e nas temporadas 1 (2011) e 7 (2018) da série *Homeland*, partindo da noção teórica de que a realidade seria coconstruída, inclusive nas práticas de segurança, e, dessa forma, enquanto as políticas de segurança ajudariam a moldar a narrativa da série, a série influenciaria o debate público que acabaria moldando as políticas de segurança, este trabalho compreende, por fim, que a hipótese proposta, de que essas diferentes representações de ameaça e inimigos para a segurança nacional nas temporadas 1 (2011) e 7 (2018) da série *Homeland* forneceram significados que contribuíram de forma pedagógica para a legitimação para o debate público de duas diferentes políticas de segurança nacional, a de Barack Obama (2010) e a de Donald Trump (2017), pode ser considerada comprovada.

Isso porque *Homeland* funcionaria — ao mesmo tempo — como espelho e lente de aumento para a segurança nacional dos EUA. Enquanto a reflete, também contribui para dar nitidez às políticas de segurança aos telespectadores e cidadãos estadunidenses. Poderíamos compreender, assim, o papel da dimensão da visualidade. Na série, os espectadores teriam acesso à visualização dos interesses, das propostas, das intenções e, sobretudo, das respostas a essas questões das NSS, postos em prática. Assim, as questões de segurança tornam-se mais compreensíveis para o público em geral, como um espelho, quando essas questões que seriam, até então, ideias em um documento, tornam-se tramas visíveis na série. Nesse ponto, também chegamos à conclusão de que a série também teria o seu papel pedagógico, instruindo o espectador, o cidadão estadunidense, a compreender as questões mais abstratas da segurança, questões compreendidas como *high politics*, que normalmente não chegariam ao cidadão comum, como uma lente de aumento.

Homeland, como produto cultural, é ambíguo. Carrie só conseguiria ver o maniqueísmo por estar no âmago da islamofobia que se sucedeu nos EUA após os atentados de 11 de setembro de 2001, mas a série convida o espectador a observar o outro lado, o lado de Brody, o lado do Islã, na primeira temporada. O Sargento havia realmente sido convertido, porém em um processo muito mais orgânico do que estratégico: Brody cria laços com o filho de Abu Nazir, um dos líderes da organização fundamentalista, mas as vidas do garoto e de outras centenas de crianças são interrompidas por um ataque estadunidense à escola onde o filho de Abu Nazir estudava.

Ao vivenciar o lado da história até então desconhecido por ele, que possuía tal contato limitado às narrativas que consumiu como cidadão estadunidense, o Sargento passa a ter uma concepção diferente da história que achava que já conhecia. Os *plot twists* posteriores da série acontecem porque aquele Sargento deixou de lado uma visão simplória e limitada de um mundo muito mais complexo do que uma narrativa unilateral poderia abarcar. No fim, a história de Brody e seus imbróglios nos convida a refletir sobre a ideia de *homeland*. Sua *homeland* seria aquela que você nasceu ou a que te acolheu? Sua *homeland* seria aquela com a qual você desenvolveu vínculos morais ou aquela que você desenvolveu vínculos éticos? Sua *homeland* seria a imposta ou a escolhida?

O mesmo convite é feito ao espectador na sétima temporada da série, ao expor as ambiguidades das guerras entre Estados. Se para os EUA a Rússia estaria tentando minar a democracia interna do país para enfraquecê-lo, a série convida-nos a ver que para os russos os EUA estariam, desde o fim da Guerra Fria, movimentando o xadrez internacional de modo a enfraquecê-los também, como as movimentações que continuariam a fazer junto à Europa Central e ao Leste Europeu como, a título de exemplo, o fortalecimento da Otan. Não há espaço para maniqueísmos quando utilizamos essas duas temporadas da série como uma lente de aumento para nossas percepções de ameaças e inimigos para a segurança nacional dos EUA.

A televisão, que muitas vezes é a maior fonte de informação do cidadão comum, e, nesse caso, a televisão geopolítica e os meios audiovisuais estéticos, em geral, passaram por um período de diminuição de um maniqueísmo inflexível que abriu espaço para uma dualidade. Nesse caso, quando falamos de ameaças e inimigos, que também podem ser considerados, na trama, os vilões, em uma primeira apresentação. Quem assistir a *Homeland* como um espelho, que reflete as questões de segurança, poderá vê-la como tal. Enquanto quem assistir a *Homeland* como uma lente de aumento, que dá nitidez às questões de segurança, também poderá vê-la como tal.

CONSIDERAÇÕES FINAIS

Uma crescente literatura dentro dos Estudos Críticos de Segurança, especialmente a partir da abertura ao diálogo com saberes interdisciplinares de áreas como Estudos Culturais, Estudos de Mídia, Linguística e Geopolítica Crítica, tem sinalizado intertextualidades tanto diretas quanto indiretas. Trabalhos recentes como Steele (2017), que conversa diretamente com as promessas da Virada Estética previstas por Bleiker (2001), inspiraram a presente obra, que faz um esforço de ampliar e aprofundar o próprio objeto de estudo da Segurança Internacional de forma a contemplar o papel do audiovisual como legitimador e/ou difusor de discursos de segurança. Isso porque

> O valor político da estética precisa ser reivindicado; não porque pode nos oferecer uma forma autêntica ou superior de insight, mas porque o triunfo moderno da razão tecnológica eclipsou a expressão criativa de nosso alcance político. Os dilemas que atualmente assombram a política mundial, do terrorismo ao aumento das desigualdades, são sérios demais para não empregar o registro completo da inteligência humana para entendê-los e lidar com eles. De fato, soluções para problemas arraigados, por definição, não podem ser encontradas por meio dos padrões de pensamento que os criaram em primeiro lugar (Bleiker, 2001, p. 529).

Sendo assim, para responder à pergunta de pesquisa — de que forma representações de ameaças e inimigos para a segurança nacional na série de televisão *Homeland* podem fornecer significados que legitimariam para o debate público políticas de segurança nacional — e validar nossa hipótese, com base no estudo de caso, de que as diferentes representações de ameaças e inimigos para a segurança nacional nas temporadas 1 (2011) e 7 (2018) da série *Homeland*, forneceram significados que contribuíram de forma pedagógica para a legitimação para o debate público de duas distintas políticas de segurança nacional, a de Barack Obama (2010) e a de Donald Trump (2017), percorremos alguns caminhos.

No Capítulo 1, mostramos a relação entre cultura e segurança. Com base na compreensão de como a linguagem produz sentidos compartilhados entre os *Homo sapiens*, ao carregar e transformar os sentidos produzidos pelos indivíduos, acabando por constituir um arcabouço, criado por meio de décadas ou séculos de reforço de tais sentidos dentro de uma mesma cultura, do que seria a realidade social. Ao falarmos acerca de cultura e representações e observarmos a cultura como um conjunto de práticas, assim, reforçando a observação de que as representações da realidade, produzidas dentro de uma mesma cultura, são relevantes para moldar uma percepção coletiva dessa mesma realidade, ou seja, um sistema representacional, por meio da linguagem, signos e símbolos, seria capaz de construir zonas de significação dentro de uma mesma cultura, onde as experiências compartilhadas dentro de um mesmo tempo histórico e geográfico sedimentariam um acerco coletivo do conhecimento, legitimando para essa cultura determinada percepção da realidade social. Constatando que é por meio do discurso que essas representações atuam, vimos que ideologias culturais poderiam ser forjadas por intermédio de diversos aparatos, como o que damos ênfase neste trabalho, a televisão geopolítica, que estariam sujeitos a uma lógica de manutenção do lucro e do poder dos que detêm tais aparatos. É justamente por conta dessa dinâmica que uma cultura pode ser levada a uma interpretação inorgânica, artificial da realidade social, ou seja, que não se deu por meio das representações culturais entre os indivíduos, mas sim por intermédio da repetição de discursos ideológicos.

Assim, podemos compreender o papel da Virada Estética para a compreensão e, sobretudo, para o questionamento dos discursos *mainstream* na área da segurança, que também estariam sujeitos aos discursos ideológicos e universalizáveis dentro de seu próprio campo. Por estarmos no campo das Ciências Sociais, onde a subjetividade, da cognição individual à cultura coletiva, influencia comportamentos e práticas, e, como consequência, os resultados das pesquisas em tal âmbito, procuramos compreender de que forma a Teoria Crítica e seus desdobramentos em campos interdisciplinares influenciaram os Estudos de Segurança, ao despertar e estimular a abordagem desses âmbitos imateriais em uma área tradicionalmente influenciada pelo realismo político e sua epistemologia positivista, que considerava que havia uma realidade concreta e imparcial a ser observada. Isso porque a forma como interpretaríamos o que seria segurança nos levaria a compreender, também, o que seria insegurança e seus desdobramentos. Encontrando na Virada Estética, nas RI, uma lente para interpretar o mundo imaterial que toca, transforma e influencia a realidade social.

CULTURA POPULAR, ESTÉTICA E SEGURANÇA NACIONAL:
A CONSTRUÇÃO DE AMEAÇAS E INIMIGOS NA SÉRIE HOMELAND (2010-2018)

Essa lente nos permitiu, no Capítulo 2, observar nossos objetos de pesquisa: os documentos NSS e a série *Homeland*. Compreendendo tais objetos, aprofundamo-nos, por fim, no Capítulo 3, na correlação entre a primeira temporada de *Homeland* (2011), lançada no ano posterior à primeira NSS do governo de Barack Obama (2010), assim como na correlação entre a sétima temporada de *Homeland* (2018), também lançada no ano posterior à primeira NSS do governo de Donald Trump (2017). A pretensão deste estudo de caso era comprovar a nossa hipótese de que as representações de ameaças e inimigos para a segurança nacional produzidas em *Homeland* agiriam como um princípio ordenador para a legitimação das diretrizes de segurança nacional contidas na NSS de Barack Obama (2010) e na NSS de Donald Trump (2017) ao retroalimentarem concepções semelhantes sobre quais seriam as maiores ameaças e inimigos para a segurança nacional dos EUA.

Recorrendo a uma solução anteriormente proposta por Gaddis (2005), identificamos as variações nos dois períodos em relação às questões dos interesses, inimigos, ameaças, respostas e justificativas. A hipótese poderia ser confirmada se fossem encontradas semelhanças entre a narrativa da NSS de 2010 e a da temporada de 2010 da série, bem como entre a narrativa da NSS de 2017 e a da temporada de 2018 da série, sobretudo acerca da identificação de tais ameaças e inimigos para a segurança nacional dos EUA. Isso apontaria que produtos culturais, como a série *Homeland*, poderiam difundir no debate público discursos dominantes contidos nos documentos oficiais de segurança nacional dos EUA. O que encontramos como resultado foi que, em determinados momentos, a série funcionou como um espelho, refletindo o discurso oficial. Em outros, funcionou como lente de aumento, dando destaque a determinadas questões, ou mesmo priorizando temas não necessariamente centrais nos documentos de segurança. Ademais, também verificamos que a série continha elementos de ambiguidade e de rechaço a maniqueísmos: como a conversação do sargento Brody na 1ª temporada e a crítica dos russos na 7ª temporada sobre a influência dos EUA na Europa e no Oriente Médio.

Face ao exposto, agora podemos confirmar a hipótese de que, sim, existe uma correlação entre os discursos acerca de ameaças e inimigos para a segurança nacional dos EUA em *Homeland* e nas NSS apresentadas, mostrando, em dois marcos temporais — as diretrizes na NSS de Barack Obama (2010) e a primeira temporada de *Homeland* (2011) e as diretrizes na NSS de Donald Trump (2017) e a sétima temporada de *Homeland* (2018) — que os discursos na série mostraram correlação com os discursos nos documentos de estratégias de segurança dos EUA, as NSS. Assim, este trabalho apresenta um recorte, por intermédio de um estudo de caso, de uma questão maior, que seria compreender como produtos culturais podem contribuir para a legitimação de políticas de segurança para o grande público. Acreditamos que o método proposto por Gaddis (2005) nos forneceu uma metodologia prática para responder a esse questionamento, e, assim, poderia também ser um método utilizado por futuros trabalhos com questionamentos semelhantes.

Reconhecemos, ainda, que houve limitações para explorar questões relevantes que, no estudo de caso proposto, deixamos de lado por questões de tempo e espaço. Uma delas é a forma como a série explora a questão de gênero; com uma personagem principal mulher, excepcional em seu trabalho na CIA, mas que, a título de exemplo, na primeira temporada da série, está sujeita às ordens e aos questionamentos de homens no poder, assim como, a título de exemplo, na sétima temporada temos uma mulher na presidência do país, que, por mais que esteja no cargo de comando mais alto, também sofre com o machismo estrutural, que chega a questionar se suas decisões não estariam sendo afetadas por sua suposta menopausa ou por ter perdido um filho durante a Guerra ao Iraque. Outro fio condutor que conversa com o âmbito supracitado é a dimensão da saúde mental. A protagonista da série, ao ter seu transtorno de bipolaridade descoberto, também tem suas ações e decisões questionadas e cerceadas por conta de sua doença mental, mesmo quando sua doença estava sob controle devido ao tratamento médico. Outra dimensão que observamos, mas não pudemos nos aprofundar, por conta de nosso recorte, foi a competição entre burocracias interagências, assim como a questão orçamentária, que aparecem tanto nas NSS quanto na série.

No decorrer da obra também observamos intertextualidades entre *Homeland* e outras obras audiovisuais, como a série *24*, produzida pelos mesmos produtores de *Homeland*, que contém um mesmo fio condutor que observamos em *Homeland*, a paranoia do inimigo externo dentro do solo estadunidense; bem como as duas versões para o cinema de *The Manchurian Candidate* (1962, 2004), que abordam essa mesma temática do inimigo estrategicamente implantado no solo do próprio país, após ser convertido por uma ideologia diferente, para prejudicar sua *homeland*

CULTURA POPULAR, ESTÉTICA E SEGURANÇA NACIONAL:
A CONSTRUÇÃO DE AMEAÇAS E INIMIGOS NA SÉRIE HOMELAND (2010-2018)

Assim como observamos que determinadas perspectivas teóricas, brevemente aprofundadas neste trabalho, poderiam ser utilizadas para que essa temática seja melhor ser explorada em futuros trabalhos, como a questão explorada por Hall (2019) e Said (2011), que seria a ideia do *eu* contra *eles*, dos nascidos naquela pátria, naquela *homeland*, e seus imbróglios contra os migrantes, imigrantes, que seriam *eles*. Questionamo-nos de que forma a estética, o cinema, a literatura, a cultura pop, a televisão geopolítica, relacionariam-se com os imbróglios que decorrem dessa distinção, e como essas questões afetariam o nosso questionamento principal: compreender como produtos culturais podem contribuir para a legitimação de políticas de segurança para o grande público.

Durante o desenvolvimento deste livro, questionamo-nos sobre o papel da dimensão imaterial na volta à lógica estadocentrista. Observamos hoje um conflito entre dois Estados, Rússia e Ucrânia, escalonar; vimos Estados que historicamente não se envolviam em questões bélicas se afiliando a instituições de proteção mútua assegurada, como foi o caso da Finlândia, que rompeu sua histórica política de neutralidade. Particularmente, questionamo-nos sobre como a dimensão imaterial se porta nessas questões; se seria capaz de aliviar as tensões que escalonam um conflito entre Estados. Como bem disse a Presidente Keaton ao final da sétima temporada de *Homeland*, temos que buscar procurar pontos em comum ao invés de pontos de discordâncias. Será que poderíamos contribuir para tal a partir das alianças duradouras que culturas ideologicamente relacionadas mantêm; ou de outras formas? E se buscamos outras formas, quais seriam elas? Abordamos no recorte deste livro um momento histórico onde as guerras entre Estados haviam dado lugar para as guerras entre atores não estatais e Estados, onde o discurso seria um meio de combater as vantagens qualitativas desses atores. Como o discurso, por meio da televisão geopolítica, a título de exemplo, porta-se nessa volta à lógica estadocentrista, de guerra entre Estados, no século XXI? Infelizmente, muitas questões relevantes precisaram ficar de lado neste trabalho, mas esperamos que a ciência e os próximos trabalhos acadêmicos continuem tentando respondê-las.

Devido ao foco em segurança estatal dado nesta obra, reconhecemos que diversos outros objetos legítimos de investigação foram deixados de lado, como a questão da segurança visual[87], que seriam mais próprios se

---

[87] Campo que explora, especificamente, a forma como imagens e emoções – este segundo não fora explorado no presente trabalho – podem moldar fenômenos políticos. Para uma melhor compreensão, ver Bleiker (2018).

nossa investigação fosse feita em uma área voltada para as questões de mídia, cultura, entre outras áreas. No entanto, este livro pretendeu contribuir para levar a chamada Virada Estética aos estudos sobre segurança e defesa, ou seja, um diálogo ainda tímido em um campo em construção de potencial subexplorado no Brasil. Tentamos destacar como a dimensão estética tem muito a dizer acerca dos discursos dominantes que acabam, como esta obra procurou explorar, coconstruindo a realidade social, como as questões de ameaças, inimigos, medos. Enfim, vemos aqui o papel das mídias audiovisuais, da literatura, da música, da cultura em si, na construção dos nossos imaginários de segurança. Acreditamos ser necessário um esforço maior para enxergar a dimensão política de uma forma mais ampla, que permeia o nosso cotidiano, como na cultura, na literatura, no cinema, na televisão geopolítica; sobretudo em tempos de streamings, onde narrativas são difundidas pelo globo, moldando identidades culturais na pós-modernidade (Hall, 2019).

REFERÊNCIAS

ADLER, Emmanuel. O construtivismo no estudo das relações internacionais. *Lua Nova*: Revista de Cultura e Política, v. 47, p. 201-246, 1999.

ADORNO, Theodor W.; HORKHEIMER, Max. A Indústria Cultural: O esclarecimento como mistificação das massas. *In*: ADORNO, Theodor W.; HORKHEIMER, Max. *Dialética do esclarecimento*: fragmentos filosóficos. Rio de Janeiro: Jorge Zahar, 1985. p. 113-156.

ADORNO, Theodor; HORKHEIMER, Max. *Dialética do Esclarecimento*: fragmentos filosóficos. Rio de Janeiro: Zahar, 2014.

ALMEIDA, Jorge. Cultura e hegemonia. Trabalho apresentado no *IV Encontro da Compolítica* (Associação Brasileira de Pesquisadores em Comunicação e Política). Universidade do Estado do Rio de Janeiro, 13-15 de abril de 2011.

ARAÚJO, Inês Lacerda. *Do signo ao discurso*: introdução à filosofia da linguagem. São Paulo: Parábola Editorial, 2004.

ARON, Raymond. *Paz e guerra entre as nações*. 2. ed. Brasília: UNB, 1986.

BENHABIB, S. *The Claims of Culture*: Equality and Diversity in the Global Era. Princeton: Princeton University Press, 2002.

BERGER, Peter; LUCKMANN, Thomas. *A construção social da realidade*: tratado de sociologia do conhecimento. 36. ed. Petrópolis: Vozes, 2014.

BERNARDET, Jean-Claude. *O Que é Cinema*. São Paulo: Editora Brasiliense, 2017.

BERNARDINO, J. W. da S. Eclipses: desvelando seus conceitos e mecanismos para o avanço da ciência. *HOLOS*, [*S. l.*], v. 1, p. 1-17, 2020. Disponível em: https://www2. ifrn.edu.br/ojs/index.php/HOLOS/article/view/5591. Acesso em: 18 maio 2022.

BLEIKER, Roland. The aesthetic turn in international political theory. *Millennium*: Journal of International Studies, v. 30, n. 3, p. 509-533, 2001.

BLEIKER, Roland. *Aesthetics and World Politics*. London: Palgrave Macmillan, 2009.

BLEIKER, Roland. Visual Security: patterns and prospects. *In*: VUORI, Juha A.; ANDERSEN, Rune Saugmann. *Visual Security Studies*: Sights and Spectacles of Insecurity and War. Routledge: London, 2018, pp. 189-200.

BLEIKER, Roland; HUTCHINSON, Emma. Theorizing emotions in world politics. *International Theory*, v. 6, n. 3, p. 491-514, 2014.

BLINKER, Felix. On the Formal Politics of Narratively Complex Television Series: Operational Self-Reflexivity and Audience Management in Fringe and Homeland. *In*: HERRMANN, Sebastian; HOFMANN, Carolin; KANZLER, Katja; SCHUBERT, Stefan; USBECK, Frank (org.). *Poetics of Politics*: Textuality and Social Relevance in American Literature and Culture. Heidelberg: Universitätsverlag Winter, 2015, pp. 41-62.

BOAL, Augusto. *Teatro do oprimido e outras poéticas políticas*. Rio de Janeiro: Civilização Brasileira, 1991.

BOGGS, Carl; POLLARD, Tom. Hollywood and the spectacle of terrorism. *New Political Science*, v. 28, n. 3, 2006.

BOOTH, Ken. *Strategy and Ethnocentrism*. New York: Holmes & Meier Publishers, 1979.

BOOTH, Ken. Security and emancipation. *Review of International Studies*, v. 17, n. 4, p. 313-326, 1991.

BRERETON, Pat; CULLOTY, Eileen. Post-9/11 counterterrorism in popular culture: the spectacle and reception of The Bourne Ultimatum and 24. *Critical Studies on Terrorism*, v. 5, n. 3, p. 483-497, 2012.

BROWNING, Cristopher; MCDONALD, Matt. The future of critical security studies: Ethics and the politics of security. *European Journal of International Relations*, v. 19, n. 2, p. 235-255, 2011.

BUZAN, B. New patterns of global security in the twenty-first century. *International Affairs*, v. 67, n. 3, p. 431-451, 1991.

BUZAN, Barry. Societal security, state security and internationalisation. *In*: BUZAN, Barry; KELSTRUP, Morten; LEMAITRE, Pierre; WAEVER, Ole. *Identity, migration and the new security agenda in Europe*. London: Pinter Publishers, 1993, p. 41-48.

BUZAN, Barry; LITTLE, Richard. Why International Relations has Failed as an Intellectual Project and What to do About it. *Millennium*: Journal of International Studies, v. 30, n. 1, p. 19-39, 2001.

CABRAL, Raquel. *Estratégias da comunicação no cinema pós-11 de setembro*: a legitimação da guerra. Dissertação (Mestrado em Comunicação Midiática) –

Programa de Pós-Graduação em Comunicação Midiática, Universidade Estadual Paulista, Bauru, SP, 2006.

CARR, Edward H. *Vinte anos de crise*: 1919-1939. Brasília: UNB, 1981.

CARTER, Sean; DODDS, Klaus. *International politics and film*: space, vision, power. Columbia University Press: New York, 2014.

CARVALHO, Bruno Sciberras. Representação e imperialismo em Edward Said. Dossiê: Teoria Política e Social na Contemporaneidade. *Mediações*, Londrina, v. 15, n. 2, p. 42-60, jul./dez. 2010.

CASO, Federica; HAMILTON, Caitlin. *Popular culture and world politics*: Theories, methods, pedagogies. Bristol: E-International Relations, 2015.

CLOVER, Joshua. Remarks on Method. *Film Quarterly*, v. 63, n. 4, 2010.

COLUCCI, Lamont. *The national security doctrines of the American presidency*: how they shape our present and future. Praeger: United States, 2012.

COUSINS, Mark; HUSSAIN, Athar. *Michel Foucault*. London: Macmillan, 1984.

COUTINHO, Carlos N. *Gramsci*: um estudo sobre seu pensamento político. Rio de Janeiro: Campus, 1989.

COX, Robert. Social Forces, States and World Orders: Beyond International Relations Theory, *In*: KEOHANE, Robert. (ed.). *Neorealism and its Critics*. New York: Colombia University Press, 1986. p. 204-253.

COX, Robert. *Power, Production and World Order*: Social Forces in the Making of History. New York: Columbia University Press, 1987.

DAWKINS, Richard. *O gene egoísta*. São Paulo: Companhia das Letras, 2007.

DER DERIAN, James. *Virtuous War: Mapping the Military-Entertainment-Media-Network*. Boulder, CO: Westview Press, 2009.

DEYLAMI, Shirin. Playing the Hero Card: Masculinism, State Power and Security Feminism in Homeland and Zero Dark Thirty. *Women's Studies*, 2019.

DODDS, Klaus. Hollywood and the Popular Geopolitics of the war on terror. *Third World Quarterly*, v. 29, n. 8, p. 1621-1627, 2008.

DUNCOMBE, Constance. Popular culture, post-truth and emotional framings of world politics. *Australian Journal of Political Science*, v. 54, n. 4, p. 543-555, 2019.

EMMYS. Ninth Annual Television Academy Honors Annouced. April 15, 2016. Disponível em: https://www.emmys.com/news/press-releases/ninth-annual--television-academy-honors-announced. Acesso em: 15 dez. 2022.

FARLEY, John E. Five Decisive States: Examining How and Why Donald Trump Won the 2016 Election. *The Sociological Quarterly*, v. 60, n. 3, p. 337-353, 2019.

FIERKE, Karen M. Links across the Abyss: Language and Logic in International Relations. *International Studies Quarterly*, v. 46, n. 3, p. 331-354, 2002.

FISA. Foreign Intelligence Surveillance Act of 1978. 1978. Disponível em: http://www.gpo.gov/fdsys/pkg/STATUTE-92/pdf/STATUTE-92-Pg1783.pdf. Acesso em: 13 fev. 2023.

FISHER, Mark. *Capitalist Realism*: Is there no alternative?. Ropley, UK: Zero Books, 2009.

FOUCAULT, Michel. *Microfísica do poder*. Rio de Janeiro: Edições Graal, 1979.

FOUCAULT, Michel. *Vigiar e punir*: nascimento da prisão. Petrópolis: Vozes, 1987.

FOUCAULT, Michel. *As palavras e as coisas*: uma arqueologia das ciências humanas. 8. ed. São Paulo: Martins Fontes, *1999*.

FOUCAULT, Michel. *A Arqueologia do Saber*. 7. ed. Rio de Janeiro: Forense Universitária, 2008.

GADDIS, John Lewis. *Strategies of Containment*: A Critical Appraisal of Postwar American. Oxford: Oxford University Press, 2005.

GARDNER, Howard. *A nova ciência da mente*: uma história da revolução cognitiva. São Paulo: Editora da Universidade de São Paulo, 2003.

GEORGE, Alexander L. Case Studies and Theory Development: The Method of Structured, Focused Comparison. *In*: *Diplomacy*: New approaches in history, theory, and policy. New York: Free Press, 1979. p. 43-68.

GEORGE, Alexander L; BENNETT, Andrew. Case Studies and Theory Development in the Social Sciences. Cambridge: MIT Press, 2005.

GÓES, Guilherme Sandoval. Geopolítica Mundial e America's Grand National Strategy: diálogos epistemológicos indissociáveis. *Revista da Escola de Guerra Naval*, v. 24, n. 3, p. 500-541, 2018.

GOMES, Aureo de Toledo. A Escola Galesa de Estudos Críticos em Segurança Internacional: 25 anos depois. *Carta Internacional*, v. 12, n. 1, p. 173-197, 2017.

GRAMSCI, Antonio. *Os intelectuais e a organização da cultura*. Rio de Janeiro: Civilização Brasileira, 1982.

GRAMSCI, Antonio. *Cadernos do cárcere* – Os Intelectuais. O Princípio Educativo. Jornalismo. Rio de Janeiro: Civilização Brasileira, 2000a.

GRAMSCI, Antonio. *Cadernos do cárcere* - Maquiavel. Notas sobre o Estado e a política. Rio de Janeiro: Civilização Brasileira, 2000b.

GRAMSCI, Antonio. *Cadernos do Cárcere*: o Risorgimento. Notas sobre a História da Itália. Rio de Janeiro: Civilização Brasileira, 2002.

GRAYSON, Kyle; DAVIES, Matt; PHILPOTT, Simon. Pop goes IR? Researching the popular culture-world politics continuum. *Political Studies Association*, v. 29, n. 3, p. 155-163, 2009.

GRONDIN, David. Publicizing the US National Security State through Entertainment. *E-International Relations*, 6 Aug. 2014. Disponível em: https://www.e-ir. info/2014/08/06/publicizing-the-us-national-security-state-through-entertainment/. Acesso em: 14 nov. 2022

GUARINOS, Virginia; BERCIANO-GARRIDO, Darío. Towards a representation model of Arabs and Muslims: USA TV series as an amplifier of the cultural hegemonic speech (case study: Homeland). *Journal of Arab & Muslim Media Research*, v. 15, n. 1, 2022.

GEUSS, Raymond. *Philosophy and real politics*. Princeton: Princeton University Press, 2008.

HAASS, Richard N. Regime Change and Its Limits. *Foreign Affairs*, v. 84, n. 4, p. 66-78, 2005.

HALL, Stuart. The West and the Rest: Discourse and Power. *In*: HALL, Stuart.; GIEBENS, Bram. (org.). *Formations of Modernity*. Cambridge: Polity Press, 1992. p. 1-12.

HALL, Stuart. *Cultura e representação*. Rio de Janeiro: Ed. PUC-Rio/Apicuri, 2016.

HALL, Stuart. *A Identidade cultural na pós-modernidade*. Rio de Janeiro: Lamparina, 2019.

HANSEN, Lene. "Images and International Security". In: GHECIU, Alexandra; WOHLFORTH, William C. (ed.). *The Oxford Handbook of International Security*. Oxford: Oxford University Press, 2018. p. 593-606.

HANSSEN, Beatrice. A Teoria Crítica e o pós-estruturalismo: Habermas e Foucault. *In*: RUSH, Fred (org.). *Teoria Crítica*. Aparecida: Ideias e Letras, 2008. p. 329-344.

HARARI, Yuval. *Sapiens*: uma breve história da humanidade. 46. ed. Porto Alegre: L&PM, 2019.

HOMELAND. Direção: Gideon Raff, Howard Gordon, Alex Gansa. Produção: Chip Johannessen, Michael Klick, Howard Gordon, Alex Gansa, Gideon Raff, Michael Cuesta. Estados Unidos: Showtime, 2011-2020.

HUNTINGTON, Samuel P. *The Clash of Civilizations and the Remaking of World Order*. New York: Simon and Schuster, 1996.

JACKSON, Patrick; NEXON, Daniel. Representation is futile?. *In*: WELDES, Jutta. *To seek out new worlds*: science fiction and world politics. New York: Palgrave Macmillan, 2003. p. 143-167.

JEPPERSON, Ronald; WENDT, Alexander; KATZENSTEIN, Peter. Norms, Identity, and Culture in National Security. *In*: KATZENSTEIN, Peter (org.). *The Culture of National Security*: Norms and Identity in World Politics. New York: Columbia University Press, 1996. p. 33-75.

JOHNSON, Richard; SILVA, Tomaz Tadeu da Silva; SCHULMAN, Norma; ESCOS-TEGUY, Ana Carolina. *O que é, afinal, Estudos Culturais?*. 3. ed. Belo Horizonte: Autêntica, 2006.

KELLNER, Douglas. *Cultural studies, identity and politics between the modern and the postmodern*. London: Routledge, 1995.

KEOHANE, Robert; NYE, John. Power and Interdependence. *Survival*, n. 15, v. 4, p. 158-165, 1973.

KISSINGER, Henry. *La Diplomacia*. México: FCE, 2001.

KRAUSE, Keith. Critical Theory and Security Studies: The Research Programme of 'Critical Security Studies'. *Cooperation and Conflict*, v. 33, n. 3, p. 298-333, 1998.

KRAUSE, Keith; WILLIAMS, Michael. Broadening the Agenda of Security Studies: Politics and Methods. *Mershon International Studies Review*, v. 40, p. 229-254, 1996.

KRAUSE, Keith; WILLIAMS, Michael. *Critical Security Studies*: Concepts and Cases. Minneapolis: University of Minesota Press, 1997.

LACERDA, Gustavo Biscaia de. Algumas teorias das relações internacionais: realismo, idealismo e grocianismo. *Revista Intersaberes*, v. 1 n. 1, p. 56-77, 2006.

LAPID, Yosef. The Third Debate: On the Prospects of International Theory in a Post-Positivist Era. *International Studies Quarterly*, v. 33, n. 3, p. 235-254, 1989.

LETORT, Delphine. Conspiracy culture in Homeland (2011-2015). *Media, War & Conflict*, p. 1-16, 2016.

LÖFFLMANN, Georg. Hollywood, the Pentagon, and the cinematic production of national security. *Critical Studies on Security*, v. 1, n. 3, p. 280-294, 2013.

LOWY, Michael. *Ideologia e ciência social*: elementos para uma análise marxista. São Paulo: Cortez, 2010.

LUKÁCS, Georg. Narrate or Describe. *In*: KAHN, Arthur D. *Writer and Critic and Other Essays*. New York: Grosset & Dunlap, 1970. p. 110-148.

MACHADO, Sérgio Bacchi. A ideologia de Marx e o discurso de Foucault: convergências e distanciamentos. *Sociologias*, Ano 12, n. 23, p. 46-73, jan./abr. 2010.

MAINGUENEAU, Dominique. *Novas tendências em análise do discurso*. Campinas: Pontes, 1997.

MARCONDES, Danilo. *Iniciação à História da Filosofia*: dos pré-socráticos a Wittgenstein. Rio de Janeiro: Zahar, 2007.

MARCONDES, Danilo. *Textos Básicos de Linguagem*: de Platão a Foucault. Rio de Janeiro: Zahar, 2010.

MARTINS, Ana Amélia Lage; MARTELETO, Regina Maria. Cultura, ideologia e hegemonia: Antonio Gramsci e o campo de estudos da informação. *InCID*: Revista de Ciência da Informação e Documentação, v. 10, n. 1, p. 5-24, 2019. Disponível em: https://www.revistas.usp.br/incid/article/view/148808. Acesso em: 18 maio 2022.

MATOS, Daniel Ivori de. *A Guerra ao Terror e o cinema estadunidense pós-11 de setembro de 2001*. Tese (Doutorado em História Social) – Programa de Pós-Graduação em História, Universidade Federal de Uberlândia, Uberlândia, MG, 2018.

MEESE, Michael J.; NIELSEN, Suzanne C.; SONDHEIMER, Rachel M. *American national security*. Baltimore: John Hopkins University Press, 2018.

MOÏSI, Dominique. *La geopolitica delle serie tv*: il trionfo della paura. Roma: Armando Editore, 2017.

MORAES, Dênis de. Comunicação, hegemonia e contra-hegemonia: a contribuição teórica de Gramsci. *Revista Debates*, Porto Alegre, v. 4, n. 1, p. 54-77, jan.-jun. 2010.

MORAES, Dênis de. Hegemonia cultural e poder: notas sobre a contribuição gramsciana. *In*: MORAES, Dênis de. *Crítica da mídia & hegemonia cultural*. Rio de Janeiro: Mauad X, 2016. p. 15-29.

MORGENTHAU, Hans. *Política entre las naciones*: La lucha por el poder y por la paz. Buenos Aires: Grupo Editor Latinoamericano, 1985.

MUTIMER, David; GRAYSON, Kyle; BEIER, Marshal. Critical Studies on Security: an introduction. *Critical Studies on Security*, v. 1, n. 1, p. 1-12, 2013.

NATIONAL SECURITY POLICY. New York: Oxford University Press, 2005.

NEGRA, Diane; LAGERWEY, Jorie. Analyzing "Homeland": Introduction. *Cinema Journal*, v. 54, n. 4, p. 126-131, 2015.

NEUMANN, Iver. Returning Practice to the Linguistic Turn: The Case of Diplomacy. *Millennium*: Journal of International Studies, v. 31, p. 627-651, 2002.

NYE, Joseph. *The future of power*. New York: Public Affairs, 2011.

O'MALLEY, Joseph. *Marx*: early political writings. Cambridge: Cambridge University Press, 1994.

ONUF, Nicholas. *World of Our Making*: Rules and Rule in Social Theory and International Relations. Columbia: University of South Carolina Press, 1989.

OSSA, Vanessa. *The Sleeper Agent in Post-9/11 Media*. Tübingen, Germany: University of Tübingen, 2022.

PAIXÃO, Humberto Pires. *Saber, poder e sujeito no dispositivo da moda*. Dissertação (Mestrado em Linguística) – Programa de Pós-Graduação em Letras e Linguística, Universidade Federal de Goiás, Goiânia, 2013.

PATRIOT ACT. Uniting and Strengthening America by Providing Appropriate Tolls Required to Intercept and Obstruct Terrorism (USA PATRIOT ACT) Act of

2001. 2001. Disponível em: http://www.gpo.gov/fdsys/pkg/PLAW-107publ56/pdf/PLAW-107publ56.pdf. Acesso em: 13 fev. 2023.

PEARS, Louise. Ask the audience: television, security and Homeland. *Critical Studies on Terrorism*, v. 9, n. 1, p. 76-96, 2016.

PEOPLES, Columba; VAUGHAN-WILLIAMS, Nicholas. *Critical Security Studies*: an introduction. New York: Routledge, 2010.

PNUD – PROGRAMA DAS NAÇÕES UNIDAS PARA O DESENVOLVIMENTO. *Relatório do Desenvolvimento Humano 1994*: Novas Dimensões da Segurança Humana, 1994. Disponível em: http://hdr.undp.org/en/content/human--development-report-1994. Acesso em: 21 jun. 2022.

POWASKI, Ronald E. *Ideals, Interests, and U.S. Foreign Policy from George H. W. Bush to Donald Trump*. Ashland: Palgrave Macmillan, 2019.

RESENDE, Erica Simone A. *Americanidade, puritanismo e política externa*: a (re) produção da ideologia puritana e a construção da identidade nacional nas práticas discursivas da política externa norte-americana. Rio de Janeiro: Contra Capa, 2012.

ROXBOROUGH, Scott. 'Homeland' as a Telenovela? Mexico's Take Among Several Foreign Versions in the Works. *The Hollywood Reporter*, 3 out. 2014. Disponível em: https://www.hollywoodreporter.com/news/homeland-as-a-telenovela--mexicos-736997. Acesso em: 15 dez. 2022.

RUSH, Fred (org.). *Teoria Crítica*. Aparecida: Ideias e Letras, 2008.

SAID, Edward. *Orientalismo*: o Oriente como construção do Ocidente. São Paulo: Companhia das Letras, 1990.

SAID, Edward. Edward Said On Samuel Huntington. *Al-Ahram Weekly On- Line*, n. 555, p. 11-17, Oct. 2001.

SAID, Edward. *Cultura e Imperialismo*. São Paulo: Companhia das Letras, 2011.

SANTAELLA, Lucia. *O que é semiótica?*. São Paulo: Brasiliense, 2017.

SAUNDERS, Robert A. Small screen IR: A tentative typology of geopolitical television. *Geopolitics*, v. 24, n. 3, p. 691-727, 2019.

SAUSSURE, Ferdinand. *Curso de linguística geral*. Organizado por C. Bally e A. Sechehaye. 27. ed. São Paulo: Cultrix, 2006.

SCHICK, Kate. Unsettling Pedagogy: recognition, vulnerability and the international. *In*: HAYDEN, Patrick.; SCHICK, Kate. *Recognition and Global Politics*: critical encounters between State and world. Manchester: Manchester University Press, 2016. p. 25-44.

SHAPIRO, Michael J. *Language and Politics*. New York: New York University Press, 1984.

SHAPIRO, Michael J. *Violent Cartographies*: Mapping Cultures of War. Minneapolis: University of Minnesota Press, 1997.

SHAPIRO, Michael J. *Cinematic Geopolitics*. London and New York: Routledge, 2009.

SHAPIRO, Stephen. Homeland's Crisis of Middle-Class Transformation. *Cinema Journal*, v. 54, n. 4, p. 152-158, 2015.

SHEPERD, Laura. *Gender, violence and popular culture*. London: Routledge, 2013.

SILVA, Marco Antonio de Meneses. Teoria Crítica em Relações Internacionais. *Contexto Internacional*, Rio de Janeiro, v. 27, n. 2, p. 249-282, 2005.

SMITH, Steve. Positivism and Beyond. *In*: SMITH, Steve; BOOTH, Ken; ZALEWSKI, Marysia. *International Theory*: Positivism and Beyond. Cambridge: University Press, 1996. p. 11-44.

SNIDER, Don M. *The National Security Strategy: Documenting Strategic Vision*. Research report. Washington: Strategic Studies Institute, US Army War College, 1995. Disponível em: http://www.jstor.org/stable/resrep11529. Acesso em: 24 out. 2024.

STAHL, Roger. *Militainment, Inc. War, Media and Popular Culture*. London: Routledge, 2010.

STEELE, Brent. Recognising, and Realising, the Promise of The Aesthetic Turn. *Millennium*: Journal of International Studies, v. 45, n. 2, p. 206-213, 2017.

STEVEN, Best. Culture turn. *In*: RITZER, George (ed.). *Blackwell Encyclopedia of Sociology*. Hoboken: Wiley Blackwell, 2007. p. 2-9.

STOCKWEE, Stephen. Messages from the apocalypse: Security issues in American TV series. *Continuum*: Journal of Media & Cultural Studies, v. 25, n. 2, p. 189-199, 2011.

CULTURA POPULAR, ESTÉTICA E SEGURANÇA NACIONAL:
A CONSTRUÇÃO DE AMEAÇAS E INIMIGOS NA SÉRIE HOMELAND (2010-2018)

TEIXEIRA, Tânia Márcia Baraúna. *Dimensões Sócio Educativas do Teatro do Oprimido:* Paulo Freire e Augusto Boal. 2007. 335 f. Tese (Doutorado em Educação e Sociedade). Universidade Autônoma de Barcelona, Barcelona, 2007.

THE MANCHURIAN CANDIDATE. Direção: John Frankenheimer. Estados Unidos, 1962.

THE MANCHURIAN CANDIDATE. Direção: Jonathan Demme. Estados Unidos, 2004.

UNITED STATES. *Goldwater-Nicholson Department of Defense Reorganization Act of 1986.* United States, 1986. Disponível em: https://history.defense.gov/Portals/70/Documents/dod_reforms/Goldwater-NicholsDoDReordAct1986.pdf. Acesso em: 7 maio 2021.

UNITED STATES. U. S. *National Security Strategy of the United States.* Administration of Ronald Reagan. Washington, D. C., 1987.

UNITED STATES. U. S. *National Security Strategy of the United States.* Administration of George H. W. Bush. Washington, D. C., 1990.

UNITED STATES. U. S. *A National Security Strategy of Engagement and Enlargement.* Administration of William "Bill" Clinton. Washington, D. C., 1994.

UNITED STATES. U. S. *The National Security Strategy of the United States of America.* Administration of George W. Bush. Washington, D. C., 2002.

UNITED STATES. U. S. *National Security Strategy of the United States of America.* Administration of Barack Obama. Washington, D. C., 2010.

UNITED STATES. U. S. *The National Security Strategy of the United States of America.* Administration of Donald Trump. Washington, D. C., 2017.

VISACRO, Alessandro. *Guerra irregular:* terrorismo, guerrilha e movimentos de resistência ao longo da história. São Paulo: Contexto, 2009.

WAEVER, Ole. Societal security: the concept. *In:* BUZAN, Barry; KELSTRUP, Morten; LEMAITRE, Pierre; WAEVER, Ole. *Identity, migration and the new security agenda in Europe.* London: Pinter Publishers, 1993. p. 17-40.

WALKER, Robert. *Inside/Outside:* Relações Internacionais como teoria política. Rio de Janeiro: Editora PUC-Rio/Apicuri, 2013.

WALTZ, Kenneth. *Theory of International Politics*. Berkeley: University of California, 1979.

WENDEN, Anita L. The politics of representation: a critical discourse analysis of an Aljazeera special report. *International Journal of Peace Studies*, v. 10, n. 2, p. 89-112, 2005.

WENDT, Alexander. *Social Theory of International Politics*. Cambridge: Cambridge University Press, 1999.

WILLIAMS, Reymond. *Marxismo e literatura*. Rio de Janeiro: Zahar Editores, 1979.

WYN JONES, Richard. *Security Strategy and Critical Theory*. London: Lyenne Rienner Publishers, 1999.